A Santíssima Trindade é a melhor comunidade

Dados Internacionais de Catalogação na Publicação (CIP)
(Câmara Brasileira do Livro, SP, Brasil)

Boff, Leonardo

A Santíssima Trindade é a melhor comunidade /Leonardo Boff. 11. ed. – Petrópolis, RJ : Vozes, 2009.

1ª reimpressão, 2025

ISBN 978-85-326-1347-9

1. Santíssima Trindade 2. Teologia da libertação 12. Título.

07-10361 CDD-231-044

Índices para catálogo sistemático:

1. Santíssima Trindade: Teologia dogmática 231.044
2. Trindade: Teologia dogmática 231.044

Leonardo Boff

A Santíssima Trindade é a melhor comunidade

EDITORA
VOZES

Petrópolis

Caixa Postal 92.144 – Itaipava
25750-970 – Petrópolis – RJ
www.leonardoboff.com

Assessoria Jurídica e Agenciamento Literário:
Cristiano Monteiro de Miranda
(21) 99969-4083
www.monteiromiranda.asv.br
cristianomiranda@leonardoboff.

Direitos de publicação
em língua portuguesa:
2009, Editora Vozes, Ltda.
Rua Frei Luís, 100
25689-900 Petrópolis, RJ
www.vozes.com.br

Nihil obstat
São Paulo, 13 de abril de 1988
Pe. Benedito Beni dos Santos
Censor ad hoc

Imprimatur
São Paulo, 22 de abril de 1988
Paulo Evaristo – Cardeal Arns
Arcebispo de São Paulo

Ilustrações: Máximo Cerezo Barredo
Projeto gráfico: AG.SR Desenv. Gráfico
Capa: Adriana Miranda

ISBN 978-85-326-1347-9

Este livro foi impresso pela Editora Vozes Ltda.

A Márcia Miranda,
mãe de seis filhos,
teóloga leiga, companheira de lutas,
por sua comunhão com os oprimidos,
expressão concreta da comunhão
do Pai, do Filho e do Espírito Santo.

Sumário

Prefácio

Deus não é solidão. É comunhão de três pessoas divinas. Portanto, a Primeira e a Última Realidade é relação, é extravasamento de si mesmo, é vida e amor. Tudo isso está contido na realidade "comunhão".

Quando falamos em Trindade não devemos pensar em número. Porque se for número, Deus é um só. Quando falamos em Trindade não queremos multiplicar Deus, mas expressar a natureza essencial de Deus como comunhão, vida e amor. Estas palavras supõem que em Deus há diferenças entre o Pai, o Filho e o Espírito Santo. Eles são diferentes para poderem estar em relação entre si e eternamente em comunhão.

As três Divinas Pessoas emergem desde sempre juntas. Nunca existiram separadas nem uma antes da outra. É como um tríplice repuxo de água que irrompe sempre de uma mesma e única fonte.

É difícil criar uma metáfora que concretize nossa compreensão da Trindade, mas as próprias palavras Pai, Filho, Espírito Santo expressam relação de comunhão. Primeiramente, Pai. O Pai só existe porque existe o Filho; o Filho só existe porque existe o Pai. Ambos se relacionam e aparece o Espírito Santo. O Espírito, como a palavra diz, é o Sopro; Ele é o Sopro do Pai e do Filho, um na direção do outro.

Como se depreende, tudo entre eles é relação, tão íntima e profunda que se tornam um só amor, uma só comunhão e uma só vida.

Ou poder-se-ia dizer, com menos rigor doutrinário, que o Deus que está acima de nós, sempre nos gerando, chama-se Pai. O Deus que está ao nosso lado, caminhando conosco, chama-se Filho, e o Deus que está dentro de nós, nos iluminando, chama-se Espírito Santo.

Todos nós fomos criados à imagem e semelhança da Trindade. Por isso, somos também seres de relação, de comunhão e de amor. Sempre que vivemos estas realidades tornamos visível em nós e através de nós o Deus Trindade.

É bom sabermos e sentirmos que estamos mergulhados num Deus comunhão. Ele nos convida a participar de sua realidade. Nosso futuro é vivermos eternamente em comunhão com Deus e com todos os seres do universo, que também estão envolvidos na mesma comunhão divina.

Leonardo Boff
Petrópolis, Domingo da SS. Trindade de 2009.

Esclarecimento

Atrás de todos os grandes problemas humanos há sempre uma questão teológica. Há sempre uma exigência de radicalidade, quer dizer, de um sentido derradeiro, de uma referência última. Quando alguém aborda estas questões, ele se faz teólogo, independentemente de sua inscrição religiosa ou confessional, do uso que faz ou não da terminologia técnica que a assim chamada "teologia" criou. Há uma pergunta ineludível: qual é a estrutura última do ser? O que se esconde por trás daquilo que vemos, vivemos e sofremos? O que podemos esperar? Haverá um derradeiro aconchego? Quem nos acolherá?

As respostas a estas questões existenciais e sociais são codificadas pelas religiões. As teologias buscam dar-lhes legitimidade por todos os recursos da razão e de outras formas de convencimento. A despeito deste caráter institucional, cada pessoa humana interroga por sua própria conta e busca uma resposta que venha a se adequar à sua percepção da realidade.

Normalmente cada tipo de sociedade produz sua representação religiosa adequada. A religião dominante num grupo é a religião do grupo dominante. A forma dominante de representação de Deus é influenciada pela forma como a cultura dominante representa Deus. E ela representa Deus no quadro de seus interesses fundamentais. Assim, na sociedade capitalista, assentada sobre o desempenho do indivíduo, sobre a acumulação privada dos bens, sobre a prevalência do particular sobre o social, normalmente a representação de Deus acentua o fato de Deus ser um só, de ser Senhor de tudo, de ser Todo-poderoso e fonte de todo o poder. Daí se deriva, normalmente, que os portadores de poder na terra são seus representantes naturais. O mongol Mangu-Kahn escreveu uma carta ao rei da França onde expressou bem este raciocínio lógico: "Esta é a ordem do Deus eterno: no céu há um só Deus eterno e na terra haverá apenas um só mestre, Genghis-Kahn, o filho de Deus". Em seu selo se lê: "Um Deus no céu e Kahn na terra, selo do Mestre da terra".

A Igreja, no seu lado institucional-histórico, se desenvolveu dentro do quadro ocidental, fortemente marcado pela concentração do poder em poucas mãos. Ela se inculturou dentro de matrizes, nas quais o poder monárquico, o princípio de autoridade e de propriedade, prevaleciam sobre outros valores mais comunitários e societários. Daí se entende o perfil histórico atual da instituição eclesiástica com o seu modo próprio de distribuição social do trabalho religioso entre clérigos e leigos, marcadamente pouco participativo. Dentro deste contexto, dificilmente se poderia assimilar o mistério trinitário como a comunhão das três distintas Pessoas, que, respeitada a distinção, por causa do amor e da comunhão, são um só Deus. Uma doutrina trinitária fundada sobre a unidade da única natureza divina ou da figura do Pai, causa única e fonte última de toda a divindade, apresentar-se-ia como mais adequada ao contexto geral da cultura. Não sem razão, predomina na consciência da Igreja mais um monoteísmo a-trinitário ou pré-trinitário do que uma verdadeira consciência trinitária de Deus. A volta a uma compreensão radicalmente trinitária de Deus ajudaria a Igreja a superar o clericalismo e o autoritarismo ainda vigentes nos comportamentos eclesiásticos. O desafio para a estrutura da Igreja não é propriamente a secularização nem a politização da fé; estes são riscos menores; o verdadeiro desafio para o tipo atual de instituição que concentra ainda demasiado poder no clero é a vivência da fé trinitária, da fé comunhão entre distintos, formando uma comunidade viva e aberta. Esta fé levaria toda a estrutura da Igreja a um processo de conversão. A própria estrutura seria evangelizada, pois Puebla ensinou muito bem que "a evangelização é um chamado à participação na comunhão trinitária" (n. 218). Isso se aplica, fundamentalmente, à Igreja como instituição.

Por outro lado devemos reconhecer que o espírito de comunhão – e por isso a raiz trinitária da Igreja – foi melhor conservado e vivido na vida religiosa e no cristianismo popular. Nestes campos o poder é mais participado e está bem presente o sentido de fraternidade. Ela deve abrir mais e mais espaços para a participação igualitária de todos, sem discriminação alguma em razão do sexo ou da função específica que alguém ocupa no todo eclesial. Só então poderá ser verdade o que diz o Concílio Vaticano II: "desta maneira, a Igreja toda aparece como o povo re-unido na unidade do Pai, do Filho e do Espírito Santo" (*Lumen Gentium*, 4).

Verificamos igualmente, nos processos sociais de hoje, uma imensa vontade de participação, de democratização, de transformações que se propunham à gestação de uma sociedade mais igualitária, participativa, pluralista e fraterna. Esse anelo se afina melhor com uma compreensão trinitária de Deus. Mais ainda, encontra a fé cristã no Deus, comunhão das três divinas Pessoas, a utopia transcendente de todas as buscas humanas por formas mais participativas, comunionais e respeitadores das diversidades. Deus-Trindade é o que é. Mas a fé em Deus-Trindade-de-Pessoas-distintas, confrontada com esta realidade emergente, ganha particular relevância. A Trindade se revela também na dimensão política. A fé na comunhão trinitária pode se transformar numa bandeira de libertação integral e de princípio promotor das buscas de participação pessoal, social e histórica.

Nossas reflexões visam a reforçar este projeto social a partir do próprio campo específico da teologia trinitária. Queremos transformações nas relações sociais porque cremos em Deus, Trindade de Pessoas em eterna inter-relação e infinita pericórese. Queremos uma sociedade que seja mais imagem e semelhança da Trindade, que espelhe melhor na terra a comunhão trinitária do céu e que nos facilite melhor conhecer o mistério da comunhão dos divinos Três.

O presente livro traduz em linguagem mais compreensível o que expusemos numa terminologia técnica no *A Trindade, a sociedade e a libertação* (1986). Consideramos a concepção trinitária de Deus tão revolucionária para a sociedade, a Igreja e a autocompreensão da pessoa, que nos dispomos a difundi-la nesta forma mais popular e, espero, mais universalmente apreensível. Pelo fato de tocarmos o mais Importante e Fascinante, tivemos que travar uma luta permanente com as palavras, para que fossem as mais adequadas. Na verdade, elas perdem consistência quando confrontadas com o Inefável da comunhão das três divinas Pessoas. Ficam apenas como acenos e frágeis setas apontando para o mistério sempre conhecido e, ao mesmo, tempo sempre desconhecido em todo o conhecimento. Mas estamos convencidos de que apontam para o rumo certo.

Introdução
A Santíssima Trindade é o nosso programa de libertação

Por que nos ocuparmos hoje com a Santíssima Trindade? Crer em um só Deus já constitui grande dificuldade. Quanto mais em três Pessoas sendo um único Deus! Vale a pena crer em Deus? O que ganhamos com isso? O que muda em nossa existência do momento em que dizemos com toda a sinceridade: creio em Deus, creio no Pai, no Filho e no Espírito Santo sempre juntos e em comunhão de vida e de amor?

Estamos convencidos de que vale a pena crer em Deus. Com isso queremos expressar a convicção de que a morte não detém a última palavra, mas a vida; não o absurdo, mas o sentido pleno ganha a partida. Dizer creio em Deus *significa: há Alguém que me envolve, me abraça por todos os lados e me ama; Ele me conhece no melhor de mim mesmo, lá no fundo do coração, lá onde nem a pessoa amada pode penetrar; Ele conhece o segredo de todos os mistérios e a direção de todos os caminhos. Não estou só neste universo aberto com minhas interrogações para as quais ninguém me dá uma resposta satisfatória. Ele está comigo, existe para mim e eu existo para Ele e diante dele. Crer em Deus quer dizer: existe uma última ternura, um derradeiro seio, um útero infinito no qual posso me refugiar e finalmente ter paz na serenidade do amor. Se assim é, vale a pena* crer em Deus. Faz-nos mais nós mesmos, potencia nossa humanidade.

Mas não basta acolher a existência de Deus. De que jeito vive Deus? Como é Ele? É aqui que entra a Santíssima Trindade. Cremos que Deus não é solidão, mas comunhão. O um não é o primeiro, mas o três. Primeiro vem o três. Depois, por causa da relação íntima entre os três, vem o um como expressão da unidade dos três. Crer na Trindade significa: na raiz de tudo o que existe e subsiste vigora movimento; há um processo eterno de vida, de extrojeção e de amor. Crer na Trindade significa: a verdade está do lado da comunhão e não da exclusão; o consenso traduz melhor a verdade do que a imposição; a participação de muitos é melhor do que o ditado de um só. Crer na Trindade implica aceitar que tudo se relaciona com tudo formando um grande todo, que a unidade resulta de mil convergências e não de um fator só.

Nós nunca vivemos, sempre convivemos. Tudo o que favorecer a convivência é bom e vale a pena. Por isso vale a pena acreditar nesse modo comunitário da existência de Deus, do jeito trinitário de Deus que é sempre comunhão e união de três.

Não precisamos responder à questão: como se relaciona esse Deus-trindade com os homens? É evidente. Ele nos inclui a todos e nos perpassa com sua comunhão. Mas como se relaciona com a utopia dos pobres e dos oprimidos? Estes quase sempre são vencidos e convencidos pelos poderosos de que são fracos e de que não podem vencer. Mas apesar de tudo carregam no sono e na vigília o sonho de uma humanidade sem oprimidos e opressores. Os oprimidos são os verdadeiros portadores da esperança, porque são os únicos que vivem da esperança e precisam dela para continuar a resistir e a buscar a libertação. Que querem, finalmente, os pobres? Querem mais do que simplesmente o pão, a casa e o trabalho. Querem uma sociedade que se organize de tal forma que todos com seu trabalho possam ganhar o seu pão e construir a sua casa. E uma tal sociedade somente surgirá caso se estruturar sobre a participação do maior número possível de seus membros, caso se dispuser a superar as desigualdades sociais, quando se propuser a respeitar as diferenças e decidir realizar a comunhão entre todos e com o Destino transcendente da história.

É neste contexto de busca que a Trindade ganha especial relevância. Nela encontramos realizado de forma infinita nosso programa libertador. Com efeito, nela há a diferença e a distinção, há a igualdade e a perfeita comunhão e há a união das pessoas a ponto de serem uma só realidade divina, dinâmica e em eterna reprodução. Olhando para a Trindade derivamos consequências para a nossa realidade social em vista de sua transformação. Considerando nossos anelos, particularmente dos oprimidos, descobrimos na Trindade sua concretização utópica, sua convergência derradeira para além de nossa própria imaginação.

Vale a pena crer na Trindade e num Deus-comunhão, pois um tal Deus se compõe com o mais excelente de nossa natureza e não se opõe às nossas buscas mais fundamentais. Pelo contrário: vem ao nosso encontro e se oferece a si mesmo como sua plena realização.

I
No princípio está a comunhão dos Três, não a solidão do Um

1. Da solidão do Um à comunhão dos Três

Como é o Deus de nossa fé? Muitos cristãos imaginam Deus como um Ser infinito, onipotente, criador do céu e da terra, vivendo sozinho no céu e tendo aos seus pés toda a sua criação. É um Deus bondoso, mas solitário. Outros o pensam como um Pai misericordioso ou um Juiz severo. Mas sempre pensam que Deus é somente um Ser supremo, único, sem possíveis concorrentes, no esplendor de sua própria glória. Poderá estar com os santos, as santas e anjos no céu. Mas todos estes são criaturas; por mais grandiosas que sejam, não deixam de ter saído das mãos de Deus; elas são, portanto, inferiores, apenas semelhantes a Deus. Mas Deus estaria fundamentalmente só, porque há somente um Deus. Esta é a fé do Antigo Testamento, dos judeus, dos muçulmanos e comumente dos cristãos.

Precisamos passar da solidão do Um à comunhão dos divinos Três, Pai, Filho e Espírito Santo. No início está a comunhão entre vários, a riqueza da diversidade, a união como expressão da entrega e doação de uma Pessoa divina à outra.

Se Deus significa três Pessoas divinas em eterna comunhão entre si, então devemos concluir que nós também, seus filhos e filhas, somos chamados à comunhão. Somos imagem e semelhança da Trindade. Em razão disso, somos

CEREZO BARREDO '88

seres comunitários. A solidão é o inferno. Ninguém é uma ilha. Estamos cercados de pessoas, coisas e seres por todos os lados. Por causa da Santíssima Trindade, somos convidados a manter relações de comunhão com todos, dando e recebendo e juntos construindo uma convivência rica, aberta, respeitadora das diferenças e benéfica para todos.

A fé cristã não nega a afirmação: só existe um Deus. Mas compreende de forma diferente a unidade de Deus. Pela revelação do Novo Testamento, o que de fato existe é o Pai, o Filho e o Espírito Santo. Deus é Trindade. Deus é a comunhão dos divinos Três. O Pai, o Filho e o Espírito Santo se amam de tal forma e estão interpenetrados entre si de tal maneira, que estão sempre unidos. O que existe é a união das três divinas Pessoas. A união é tão profunda e radical que são um só Deus. É semelhante a três fontes que constituem o mesmo e único lago. Cada fonte corre na direção da outra; ela entrega toda a sua água para formar um só lago. É parecido com os três focos de uma lâmpada, constituindo uma única luz.

> *É preciso cristianizar nossa compreensão de Deus. Deus é sempre a comunhão das três divinas Pessoas. Deus-Pai nunca está sem o Deus-Filho e o Deus-Espírito Santo. Não é suficiente confessar que Jesus é Deus. Importa dizer que Ele é o Deus-Filho do Pai junto com o Espírito Santo. Não podemos falar de uma Pessoa sem falar também das outras duas.*

2. No princípio está a comunhão

Deus é o Pai, o Filho e o Espírito Santo em comunhão recíproca. Eles coexistem desde toda a eternidade; ninguém é anterior, nem posterior, nem superior, nem inferior ao outro. Cada Pessoa envolve as outras, todas se interpenetram mutuamente e moram umas nas outras. É a realidade da comunhão trinitária, tão infinita e profunda que os divinos Três se unem e são, por isso, um só Deus. A unidade divina é comunitária, porque cada Pessoa está em comunhão com as outras duas.

Que significa dizer que Deus é comunhão e por isso Trindade? Estar em comunhão só podem pessoas. Implica uma estar em presença da outra, distinta da outra, mas aberta, numa radical reciprocidade. Para que haja verdadeira comunhão, devem existir relações diretas e imediatas: olho a olho, rosto a rosto, coração a coração. O resultado da mútua entrega e da comunhão recíproca é a comunidade. A comunidade resulta de relações pessoais, onde cada um é aceito como é, cada um se abre ao outro e dá o melhor de si mesmo.

Ora, dizer que Deus é comunhão significa que os três Eternos, Pai, Filho e Espírito Santo, estão voltados uns para os outros. Cada Pessoa divina sai de si e se entrega às outras duas. Dá a vida, o amor, a sabedoria, a bondade e tudo o que é. As Pessoas são distintas (o Pai não é o Filho e o Espírito Santo, e assim sucessivamente), não para estarem separadas, mas para se unirem e poderem se entregar umas às outras.

No princípio está não a solidão do Um, de um Ser eterno, sozinho e infinito. Mas, no princípio, está a comunhão dos três Únicos. A comunhão é a realidade mais profunda e fundadora que existe. É por causa da comunhão que existem o amor, a amizade, a benquerença e a doação entre as pessoas humanas e divinas. A comunhão da Santíssima

Trindade não é fechada sobre si mesma. Ela se abre para fora. Toda a criação significa um desbordamento de vida e de comunhão das três divinas Pessoas, convidando todas as criaturas, especialmente as humanas, para também entrarem no jogo da comunhão entre si e com as Pessoas divinas. O próprio Jesus bem o disse: "Que todos sejam uma coisa só, como tu, Pai, estás em mim e eu em ti para que eles sejam *em nós*" (Jo 17,21).

> *"Já se disse, de forma bela e profunda, que nosso Deus em seu mistério mais íntimo não é uma solidão, mas uma família. Pois leva em si mesmo a paternidade, a filiação e a essência da família que é o amor. Este amor, na família divina, é o Espírito Santo"* (João Paulo II em Puebla, no dia 28 de janeiro de 1979, falando à Assembleia do Celam).

3. Por que somente três Pessoas divinas e não duas ou uma só?

Há muitas pessoas que se intrigam com o número três da Trindade, pois afirmamos que Deus é Pai, é Filho e é Espírito Santo, portanto três Pessoas divinas. A dificuldade se agiganta ainda mais quando dizemos: os três são um, quer dizer, as *três* Pessoas são *um* só Deus. Que matemática é essa na qual o três é absurdamente igual ao um? Em função deste tipo de raciocínio descreem da fé na Trindade e abandonam o núcleo melhor do cristianismo. Ou então dizem: o mais normal seria, então, admitir três deuses ou ficar, simplesmente, com um só Deus.

Em primeiro lugar, a Trindade (o Pai, o Filho e o Espírito Santo) não é uma questão de número. Não estamos na matemática, onde somamos, diminuímos, dividimos ou multiplicamos. Estamos num outro campo do pensamento. Quando dizemos Trindade não queremos fazer uma soma, de 1 + 1 + 1 = 3. A própria palavra Trindade é uma criação de nossa linguagem; ela não se encontra na Bíblia. Ela começou a ser empregada depois do ano 150; começou primeiramente com Teódoto, um herege, e depois assumida pelo teólogo leigo Tertuliano (morreu em 220). Em Deus não há número. Quando falamos em Pai, em Filho e no Espírito Santo nos referimos, cada vez, a um único. O Único é a negação de todo número. O Único significa: só existe um exemplar, como se no firmamento somente houvesse uma única estrela, ou na água um único peixe e na terra um só ser humano e nada mais. Então devemos pensar assim: só existe o Pai como Pai e ninguém mais; só existe o Filho como Filho e ninguém mais; só existe o Espírito Santo como Espírito Santo e ninguém mais. A rigor, não deveríamos dizer "três Únicos", mas cada vez o "único" é único, assim o Pai, assim o Filho e assim o Espírito Santo. Mas para facilitar nossa fala, dizemos imprecisamente "três "Únicos" ou, então, "Trindade".

Entretanto, não podemos parar neste tipo de reflexão; caso contrário, com razão diríamos: então, existem três deuses, pois há três vezes o Único! Assim estaríamos no triteísmo. Importa aqui introduzir a outra verdade: a inter-relação, a inclusão de cada Pessoa, a pericórese. Os únicos não estão apenas voltados sobre si mesmos; eles estão eternamente relacionados uns com os outros. O Pai é sempre o Pai do Filho e do Espírito Santo. O Filho é sempre o Filho do Pai junto com o Espírito Santo. O Espírito Santo é eternamente o Espírito do Filho e do Pai. Esta interação e congraçamento entre cada Único faz com que exista um só Deus-comunhão-união.

E é bom que assim seja, três Pessoas e um único amor, três Únicos e uma só comunhão.

Se houvesse um único só, um só Deus, existiria, no fim de tudo, a solidão. Por detrás de todo o universo, tão diverso e tão harmonioso, não haveria a comunhão, mas somente a solidão. Tudo terminaria como a ponta de uma pirâmide: num único ponto solitário.

Se houvesse dois Únicos, o Pai e o Filho, haveria, primeiramente, a separação: um seria distinto do outro; haveria em seguida também a exclusão: um não seria o outro. Faltaria a comunhão entre eles, portanto, a união entre Pai e Filho.

Ora, com a Trindade alcançamos a perfeição, pois se dá a união e a inclusão. Pela Trindade se evita a solidão do Um, se supera a separação do Dois (Pai e Filho) e se ultrapassa a exclusão de um do outro (Pai do Filho, Filho do Pai). A Trindade permite a comunhão e a inclusão. A terceira Figura revela o aberto e a união dos opostos. Por isso, o Espírito Santo, a terceira Pessoa divina, sempre foi compreendida como a união e a comunhão entre o Pai e o Filho, sendo a expressão da corrente de vida e de interpenetração que vigora entre os divinos Únicos por toda a eternidade.

Não é, portanto, arbitrário que Deus seja a comunhão de três Únicos. A Trindade mostra que por debaixo de tudo que existe e se move habita uma dinâmica de unificação, de comunhão e de eterna síntese dos distintos num infinito todo, vivo, pessoal, amoroso e absolutamente realizador.

Por que negar às pessoas a verdadeira informação, aquele direito fundamental de cada um saber de onde veio, para onde vai e qual é a sua verdadeira família? Viemos da Trindade, do coração do Pai, da inteligência do Filho e do amor do Espírito Santo. E peregrinamos rumo ao Reino da Trindade, que é comunhão total e vida eterna.

4. É perigoso dizer: um só Deus no céu e um só chefe na terra

Ficar somente na fé em um só Deus, sem pensar na Santíssima Trindade como a união do Pai, do Filho e do Espírito Santo, é perigoso para a sociedade, para a política e para a Igreja. Ao contrário, dizer que Deus é sempre a comunhão das três divinas Pessoas permite incentivar a colaboração, o bom relacionamento e a união entre os vários membros de uma família, de uma comunidade e de uma Igreja. Vejamos os perigos de um monoteísmo (afirmação de um só Deus) rígido, fora da compreensão trinitária. Ele pode gerar e justificar o totalitarismo político, o autoritarismo religioso, o paternalismo social e o machismo familiar.

1. O *totalitarismo político*. Houve gente que outrora dizia: como existe um só Deus no céu, deve existir também um só chefe na terra. Assim surgiram reis, líderes e chefes políticos que dominavam sozinhos seus povos, com a alegação de que imitavam Deus no céu. Deus sozinho governa e dirige o mundo, sem dar explicações a ninguém. O totalitarismo político criou, do lado dos líderes, a prepotência, e, do lado dos liderados, o submetimento. Os ditadores pretendem saber sozinhos o que é melhor para o povo. Só eles querem exercer sozinhos a liberdade. Todos os demais devem acatar suas or-

BANCO
CEREDO BARREDO 88

dens e obedecer. A maioria dos países são herdeiros de uma compreensão assim do poder. Ela foi introjetada na cabeça do povo. Por isso é difícil aceitar a democracia, na qual todos exercem a liberdade e todos são filhos de Deus.

2. O *autoritarismo religioso.* Há também aqueles que dizem: como há um só Deus, existe um só Cristo, assim deve existir uma só religião e um só chefe religioso. Conforme esta compreensão, a comunidade religiosa é organizada ao redor de um só centro de poder: ele sabe tudo, ele fala tudo, ele faz tudo; todos os demais são simples fiéis, que devem aderir ao que o chefe determina. Os evangelhos, por exemplo, não pensam assim: há sempre a comunidade e, dentro dela, os coordenadores para animar a todos.

3. O *paternalismo social.* Alguns imaginam Deus como um grande Pai. Ele providencia tudo e detém só para si todo o poder. Os grandes senhores deste mundo dominam, apelando para o nome do Deus-patrão, na sociedade e na família. Se esquecem que Deus tem um Filho e convive com o Espírito Santo em igualdade perfeita. Deus Pai não substitui os esforços dos filhos e filhas. Ele nos convida à colaboração. Só a fé num Deus-comunidade e comunhão ajuda a criar uma convivência fraterna.

4. O *machismo familiar.* Deus sendo Pai é representado como sendo masculino. O masculino assume, então, todos os valores, rebaixando o feminino e a mulher. Surge, consequentemente, o domínio do macho e uma cultura machista. Esta cultura enrijeceu todas as relações e privou a todos de expressarem sua ternura, particularmente, as mulheres, relegadas a serem apenas força auxiliar do homem. Deus é um Pai que gera; mostrou em sua revelação traços femininos e maternais. Por isso é compreendido também como

Mãe de insondável bondade. Pensando sempre nos três juntos, Pai, Filho e Espírito Santo, como iguais e com a mesma dignidade, tiramos o suporte ideológico para o machismo tão maléfico para as nossas relações familiares.

A fé na Santíssima Trindade é um corretivo aos nossos desvios e uma poderosa inspiração para bem viver no mundo e nas Igrejas.

> *Se Deus é Trindade de Pessoas, comunhão do Pai, do Filho e do Espírito Santo, então o princípio criador e sustentador de toda unidade nos grupos, na sociedade e nas Igrejas deve ser a comunhão entre todos os participantes, quer dizer, a convergência amorosa e o consenso fraterno.*

5. Uma experiência desintegrada da Santíssima Trindade

Pai, Filho e Espírito Santo sempre estão juntos: criam juntos, salvam juntos e juntos nos introduzem em sua comunhão de vida e de amor. Nada na Santíssima Trindade é realizado sem a comunhão das três Pessoas. Na piedade de muitos fiéis há uma desintegração da vivência do Deus trino. Alguns só ficam com o Pai, outros só com o Filho e, por fim, aqueles outros só com o Espírito Santo. Surgem assim desvios no nosso encontro com Deus, que prejudicam a própria comunidade.

1. A *religião só do Pai: o patriarcalismo.* A figura do pai é central na família e na sociedade tradicional. Ele dirige, decide e sabe. Assim, alguns representam Deus como um Pai todo-poderoso; juiz da vida e da morte dos filhos e filhas. Todos dependem dele e, por isso, são considerados meno-

res. Esta compreensão pode levar a que os cristãos se sintam resignados em sua miséria e alimentem um espírito de submissão aos chefes, ao papa e aos bispos, sem qualquer criatividade. Deus é sim Pai, mas Pai do Filho que, junto com o Espírito Santo, vivem em comunhão e igualdade.

2. *A religião só do Filho: vanguardismo.* Outros só ficam com a figura do Filho Jesus Cristo. Ele é o "companheiro", o "mestre" e o "nosso chefe". Especialmente entre os jovens e nos cursilhos de cristandade, se desenvolveu uma imagem entusiástica e jovem de Cristo, irmão de todos e líder inflamado dos homens. É um Jesus com apenas relações para os lados, sem uma dimensão vertical, em direção ao Pai. Esta religião cria cristãos vanguardistas, que perdem contato com o povo e a caminhada das comunidades.

3. *A religião só do Espírito Santo: espiritualismo.* Há setores cristãos que se concentram somente na figura do Espírito Santo. Cultivam o espírito de oração, falam em línguas, impõem as mãos e dão vazão às suas emoções interiores e pessoais. Estes cristãos esquecem que o Espírito é sempre o Espírito do Filho, enviado pelo Pai para continuar a obra libertadora de Jesus. Não basta a relação interior (Espírito Santo) nem somente para os lados (Filho) nem só a vertical (Pai). Importa integrar os três. Que seria de nós, se não tivéssemos um Pai que nos aconchegasse? Que seria de nós, se esse Pai não nos desse seu Filho para fazer-nos também filhos? Que seria de nós, se não tivéssemos recebido o Espírito Santo, enviado pelo Pai a pedido do Filho, para morar em nossa interioridade e completar a nossa salvação? Vivamos a fé completa, numa experiência completa da imagem completa de Deus como Trindade de Pessoas!

A pessoa humana para ser plenamente humana precisa relacionar-se por três lados: para cima, para os lados e para dentro. Eis que a Trindade nos vem ao encontro: o Pai é o "para cima" infinito, o Filho é o "para os lados" radical e o Espírito é o "para dentro" total.

6. A mesma glória ao Pai, ao Filho e ao Espírito Santo

O cristão começa e termina o dia com a oração do "Glória" ao Pai, ao Filho e ao Espírito Santo. Trata-se muito mais do que de uma profissão de fé no Deus cristão, que é sempre o Deus trino; é uma louvação às três divinas Pessoas, porque elas se revelaram na história e nos convidaram a participar de sua comunhão divina. A resposta humana à revelação da Santíssima Trindade é o agradecimento e a glorificação. Em primeiro lugar ficamos entusiasmados, pois percebemos que, com a existência das três divinas Pessoas, estamos envolvidos pela vida e pelo amor que se irradiam de sua comunhão íntima. Depois, começamos a pensar como são as três Pessoas em comunhão, que qualidades cada uma possui e como se relacionam com a criação.

Jesus nos revelou seu segredo de Filho e sua relação íntima com o Pai, numa oração carregada de alegria do Espírito: "Graças te dou, Pai, Senhor do céu e da terra. Ninguém conhece quem é o Filho senão o Pai e quem é o Pai senão o Filho e a quem o Filho quiser revelar" (Lc 10,21-22). Assim também nós nos acercamos da Santíssima Trindade pela oração, pela adoração e pela ação de graças.

Que estamos dizendo quando rezamos "Glória"? Glória em si é a manifestação da Trindade assim como ela é: comunhão dos divinos Três. Glória é revelar a presença do

Deus trino na história. A presença sempre traz alegria, fascínio e o sentimento de comunhão. Saber que Deus é comunhão de três Pessoas que se amam infinita e eternamente é descobrir a beleza de Deus, seu esplendor e a alegria. Um Deus sozinho é sem beleza e sem humor. Três Pessoas unidas na comunhão e na mesma vida, entregada uma à outra eternamente, causa deslumbramento e íntima alegria. Essa alegria é maior quando nos sentimos convidados à participação.

Quando rezamos o "Glória", queremos devolver a glória que descobrimos de Deus. Glória se paga com glória. Agradecemos que a Santíssima Trindade quis manifestar-se, vir morar conosco. Agradecemos ao Pai, porque possui um Filho unigênito e nos criou como filhos e filhas no Filho, na força do amor do Espírito Santo. Ficamos contentes, porque nos enviou seu próprio Filho para ser nosso irmão e salvador. Agradecemos porque Pai e Filho nos entregaram o Espírito Santo, que nos ajuda aceitar Jesus Cristo e nos ensina a rezar dizendo "Pai nosso", nos santificando e nos introduzindo na comunhão trinitária, a partir de nosso próprio coração feito templo do Espírito.

Quantas noites, na cama, não perguntei: como é Deus, que nome exprime a comunhão dos divinos Três? E não encontrei nenhuma palavra nem me veio nenhuma luz. Comecei então a louvar e a glorificar. Foi quando se encheu de luz o meu coração. Já não perguntava mais, estava dentro da própria comunhão divina.

7. A Santíssima Trindade é um mistério para ser sempre de novo conhecido

Dizemos comumente que a Santíssima Trindade é o maior mistério de nossa fé. Como é que três Pessoas podem ser um só Deus? Efetivamente, a Santíssima Trindade é um mistério augusto face ao qual cabe mais o silêncio que a fala. Mas devemos entender corretamente o que queremos dizer quando falamos em mistério. Normalmente se entende por mistério uma verdade revelada por Deus que não pode ser conhecida pela razão humana: nem se conhece sua existência nem, depois de revelada esta, se conhece o seu conteúdo.

Nesta acepção o mistério expressa o limite da razão humana. Ela procura entender, mas, quando esgota suas forças, renuncia às reflexões e aceita, humildemente, por causa da divina autoridade, a verdade revelada. Este conceito de mistério foi assumido numa época da Igreja, quando os filósofos queriam substituir a revelação divina pela filosofia; no século XIX pensadores houve que pretendiam dizer que todas as verdades do cristianismo não eram senão verdades naturais e que por isso podiam dispensar as Igrejas e podiam assimilar nos sistemas de pensamento as chamadas verdades reveladas.

A compreensão mais originária e correta de mistério vem da Igreja Antiga. Mistério significava não uma realidade escondida e incompreensível ao intelecto humano. Mistério era o desígnio de Deus revelado a pessoas privilegiadas como os grandes místicos, as pessoas santas, os profetas e os apóstolos e comunicado a todos por seu intermédio. O mistério deve ser conhecido e reconhecido pelos homens e pelas mulheres. Ele não significa o limite da razão, mas o ilimitado da razão. Quanto mais conhecemos a Deus e seu desígnio de comunhão com os seres humanos, mais somos desafiados a conhecer e a aprofundar.

E podemos aprofundar por toda a eternidade sem jamais chegarmos ao fim. Vamos de um patamar de conhecimento a outro patamar, abrindo cada vez mais os horizontes sobre o infinito da vida divina, sem jamais vislumbrar um limite. Deus é assim vida, amor, superabundância de comunicação na qual nós mesmos somos mergulhados. Esta visão do mistério não provoca angústia, mas expansão do coração. A Santíssima Trindade é mistério agora e o será por toda a eternidade. Nós o conheceremos mais e mais, sem nunca esgotar nossa vontade de conhecer e de nos alegrar com o conhecimento que vamos progressivamente adquirindo. Conhecemos para cantar, cantamos para amar, amamos para estar juntos em comunhão com as divinas Pessoas. Pai, Filho e Espírito Santo.

"*Deus pode ser aquilo que não podemos entender*" (Santo Hilário), *ó profundidade da riqueza da sabedoria e da ciência de Deus! Quão insondáveis os seus pensamentos e quão inescrutáveis os seus caminhos! Dele, por Ele e para Ele são todas as coisas. A Ele, pois, glória eterna. Amém* (Epístola aos Romanos 11,33.36).

8. A pericórese: a interpenetração das três divinas Pessoas

Sempre que falamos da Santíssima Trindade devemos pensar na comunhão dos divinos três, Pai, Filho e Espírito Santo. Esta comunhão significa a união das Pessoas e a ma-

nifestação, desta forma, do único Deus trino. Como se dá esta comunhão entre as divinas Pessoas? Os teólogos ortodoxos cunharam uma expressão que começou a se espalhar a partir do século VII, especialmente por São João Damasceno (morreu em 750): *pericórese*. Como não existe uma boa tradução para o português nem para nenhuma língua moderna, achamos por bem mantê-la em grego. Mas devemos entendê-la bem, pois nos abre uma compreensão frutuosa da Santíssima Trindade. Pericórese quer dizer em primeiro lugar a ação de envolvimento de uma Pessoa com as outras duas. Cada Pessoa divina penetra a outra e se deixa penetrar por ela. Essa interpenetração é expressão do amor e da vida que constituem a natureza divina. É próprio do amor comunicar-se; é natural para a vida que ela se expanda e queira multiplicar-se. Assim os divinos Três se encontram desde toda a eternidade numa infinita eclosão de amor e de vida um em direção ao outro.

O efeito desta recíproca interpenetração é que cada Pessoa mora na outra. Este é o segundo sentido de *pericórese*. Em palavras simples significa: o Pai está sempre no Filho, comunicando-lhe a vida e o amor. O Filho está sempre no Pai conhecendo-o e reconhecendo-o amorosamente como Pai. Pai e Filho estão no Espírito Santo como expressão mútua de vida e de amor. O Espírito Santo está no Filho e no Pai como fonte e manifestação da vida e do amor desta fonte abissal. Todos estão em todos. Bem o definiu o Concílio de Florença em 1441: "O Pai está todo no Filho, todo no Espírito Santo. O Filho está todo no Pai e todo no Espírito Santo: O Espírito Santo está todo no Pai e todo no Filho. Ninguém precede o outro em eternidade ou o excede em grandeza ou sobrepuja em poder".

A Santíssima Trindade é, pois, um mistério de inclusão. Esta inclusão impede que entendamos uma Pessoa sem as outras. O Pai deve ser sempre compreendido junto com o Filho e o Espírito Santo e assim sucessivamente. Alguém poderia pensar: então haverá três deuses, o Pai, o Filho e o Espírito Santo? Haveria se um estivesse ao lado do outro, sem relação com Ele; haveria se não houvesse relação e inclusão das três divinas Pessoas. Não existem primeiramente os Três e depois seu relacionamento. Eles sem princípio convivem e eternamente se entrelaçam. Por isso são um só Deus, Deus-Trindade.

> "*A física moderna mostrou que não podemos mais falar de partículas elementares, como átomos, núcleos e hádrons. Na nova visão, o universo é concebido como uma teia de eventos sempre inter-relacionados; todos os fenômenos naturais estão interligados, de sorte que nenhum pode ser explicado por si sem os outros. É o reflexo da pericórese divina dentro da criação*" (Fritjof Capra, o capítulo "Interpenetração" do livro O *Tao da Física*, S. Paulo 1987, 213-225).

9. As duas mãos do Pai: o Filho e o Espírito Santo

Como se revelou a Santíssima Trindade? Há dois caminhos que devemos perseguir. Primeiramente a Santíssima Trindade se revelou na vida das pessoas, nas religiões, na história e depois pela vida, paixão, morte e ressurreição de Jesus e pela manifestação do Espírito Santo nas comunidades da primitiva Igreja e no processo histórico até os dias de hoje. Mesmo que os homens e as mulheres nada soubessem da Santíssima Trindade, o Pai, o Filho e o Espírito

Santo habitavam desde sempre na vida das pessoas. Sempre que as pessoas seguiam os apelos de suas consciências, sempre que obedeciam mais à luz que às ilusões da carne, sempre que realizavam a justiça e o amor nos relacionamentos humanos, a Santíssima Trindade estava presente. Pois Deus trino não se encontra fora destes valores a que nos referimos acima. Santo Ireneu (morreu por volta do ano 200) disse com acerto: o Filho e o Espírito Santo constituem as duas mãos pelas quais o Pai nos toca, nos abraça e nos molda cada vez mais à sua imagem e semelhança. Filho e Espírito Santo foram enviados ao mundo para morarem entre nós e nos inserirem na comunhão trinitária.

A Santíssima Trindade, neste sentido, jamais esteve ausente na história, nas lutas e na vida das pessoas, em qualquer tempo que elas tenham vivido. Devemos sempre distinguir entre a realidade da Santíssima Trindade e a doutrina sobre ela. A realidade das três divinas Pessoas sempre acompanhou a história humana. A doutrina surgiu depois, quando as pessoas captaram a revelação da Santíssima Trindade e puderam formular doutrinas trinitárias.

A revelação mesma da Santíssima Trindade com toda a clareza somente veio por Cristo e pelas manifestações do Espírito Santo. Até então, nas religiões, nos profetas do Antigo Testamento e em alguns textos sapienciais apareciam acenos trinitários. Com Jesus irrompeu a consciência clara de que Deus é Pai que envia seu Filho unigênito, encarnado em Jesus de Nazaré na força do Espírito Santo; Ele formou a santa humanidade de Jesus no seio da Virgem Maria e encheu Jesus de entusiasmo para pregar e curar, bem como os apóstolos para testemunhar e fundar comunidades cristãs. Só poderemos entender Jesus Cristo se o compreendermos como os evangelhos no-lo apresentam: como Filho do Pai e cheio do Espírito Santo. A Trindade não se revela como uma doutrina, mas como uma prática: nos comportamentos e palavras de Jesus e na ação do Espírito Santo no mundo e nas pessoas.

> *Pai, estende tua mão e salva-nos desta miséria! E o Pai, que escuta o grito de seus filhos e filhas oprimidos, estendeu suas duas mãos para nos libertar e nos abraçar em seu seio bondoso: o Filho e o Espírito Santo.*

II
O processo de revelação da Santíssima Trindade

10. Como se revelou o Pai de infinita ternura?

O texto mais importante que se aduz para a revelação da Santíssima Trindade por Jesus é sua palavra de despedida em São Mateus: "Ide, pois, fazei discípulos meus todos os povos, batizando-os em nome do Pai, do Filho e do Espírito Santo" (28,19). Este mandato de Jesus se encontra somente no Evangelho de São Mateus; está ausente nos outros três evangelhos.

Os estudiosos são da opinião de que esta fórmula é tardia, pois ela recolhe a experiência batismal da comunidade primitiva, no tempo em que foi escrito o evangelho por São Mateus, por volta do ano 85. Ela havia meditado muito sobre a vida e as palavras de Jesus. Disso compreendeu que Jesus nos havia, de fato, revelado quem é Deus, quer dizer, Santíssima Trindade, e que em nome deste Deus trino deveriam ser batizados os que criam. Jesus está na origem desta fórmula eclesial.

Vamos considerar como Jesus nos revelou as três Pessoas divinas. Começamos pelo nome do Pai. Sabemos que Jesus sempre chama a Deus de *Abba*, que quer dizer Paizinho. Quem chama a Deus de Pai é sinal de que se sente Filho. Este Pai é de infinita bondade e misericórdia. Jesus entretém em longas orações uma profunda intimidade com Ele. Se se mostra misericordioso para com os pecadores, é porque está imitando o Pai celeste que é, fundamentalmente, misericordioso e ama os ingratos e maus (Lc 6,35).

Como age o Pai? O Pai age no mundo em vista da implantação de seu Reino. Jesus faz da mensagem do Reino de Deus o centro de sua pregação. Reino não significa um território sobre o qual o rei tem domínio. Reino é o modo de atuar do Pai mediante o qual vai libertando toda a criação dos males, do pecado, da enfermidade, das divisões e da morte e implantando o amor, a fraternidade e a vida.

Jesus com sua palavra e com sua prática se empenha em inaugurar já neste mundo este Reino do Pai. E o faz, como veremos proximamente, na força do Espírito Santo. Com este Pai, Jesus se sente tão unido que pode confessar: "Eu e o Pai somos uma coisa só" (Jo 10,30). O Pai amou o Filho "antes da criação do mundo" (Jo 17,24). Portanto, mesmo antes de ser Criador, Deus era e é Pai do Filho eterno que se encarnou e se chamou Jesus Cristo. Ele nos revela o Pai porque disse: "Quem me viu, viu o Pai" (Jo 14,9).

O Pai é Pai não primeiramente porque é Criador. Antes da criação já era Pai, porque eternamente era o Pai do Filho. No Filho Ele nos imaginou como seus filhos e filhas, portanto, irmãos e irmãs do Filho. Desde sempre estávamos no coração do Pai. Aqui estão as nossas raízes.

11. Como se revelou o Filho, nosso irmão?

O Filho se revelou assumindo a santa humanidade de Jesus de Nazaré. Mas devemos respeitar o caminho que Ele escolheu para se manifestar às pessoas. Não começou logo dizendo que estava encarnado em Jesus. Os discípulos, ven-

CEREZO BARREDO '88

do como rezava, como agia e como falava, foram descobrindo a realidade da filiação divina de Jesus, e assim a presença da segunda Pessoa da Santíssima Trindade.

Em *primeiro lugar* o Filho se revela na forma como Jesus rezava. Chama Deus de "querido Paizinho". Quem chama a Deus de Paizinho se sente seu filho querido. E de fato Jesus diz: "ninguém conhece o Pai senão o Filho e a quem o Filho quiser revelar" (Lc 10,26). Na oração Jesus revelava sua união e intimidade para com o Pai. Aí podia dizer: "Eu e o Pai somos uma coisa só" (Jo 10,30). Sentia-se Filho, mas com a mesma natureza do Pai, vivendo uma igual comunhão.

Em *segundo lugar*, Jesus agia como quem era o Filho de Deus e o representante do Pai. Compadecia-se com todos os sofredores e pobres. Curava e consolava. As pessoas beneficiadas tinham a sensação de estar diante do poder personalizado de Deus. Pedro bem confessava: "Tu és o Filho de Deus vivo!" Os inimigos de Jesus se deram conta de que Jesus invadira o espaço divino. Perdoava pecados, coisa que somente Deus pode fazer; modificava a lei santa do Antigo Testamento ou introduzia interpretações libertadoras. Com razão acusavam: "Ele se fez igual a Deus" (Jo 5,18).

Em *terceiro lugar*, o próprio céu deu testemunho em favor de Jesus, o Filho de Deus. Não sabemos se o relato bíblico se refere a um acontecimento concreto ou se trata de expressar, por esta forma literária, a experiência íntima de Jesus, comunicada de alguma maneira aos discípulos. Em todos os casos, no batismo de Jesus e na transfiguração no Monte Tabor, ouviu-se a voz: "Este é o meu Filho muito amado em quem ponho todo o meu carinho" (Mt 3,17; 17,5). Aqui se revela aquilo que Jesus com recato escondia: sua filiação divina.

Por *fim*, a morte e a ressurreição de Jesus são momentos cruciais nos quais se revela a verdadeira natureza de Deus e das outras duas Pessoas divinas: o amor e a plena comunhão. Na morte, Jesus entrega totalmente sua vida aos outros. Esta morte é fruto da rejeição que Jesus sofreu. Mas ele não deixa que a morte seja apenas expressão da rejeição de sua pessoa, do Deus que anuncia e do Reino. Ele livremente assume a morte como derradeira expressão de seu amor para quem o rejeita. Quer que a última palavra a tenha a comunhão e não a exclusão. Jesus morre em solidariedade e em comunhão até com os inimigos que o condenam para garantir o triunfo do amor e da comunhão. Esse triunfo se revela na ressurreição que é a plenitude da vida em total comunicação e realização. Essa vida revelada na ressurreição é a mesma que estava na cruz. Por isso, vigora uma unidade entre morte e ressurreição; há um só mistério pascal. Este mistério revela a essência da Santíssima Trindade: o amor e a comunhão. Neste mistério está presente o Pai que ama e sofre com o Filho, está presente o Espírito Santo por cuja força o Filho entrega sua vida e mantém a comunhão até o fim.

Se queremos estar unidos à Santíssima Trindade, devemos seguir o mesmo caminho de Jesus: rezar com intimidade, agir com radicalidade no sentido da justiça e da comunhão e aceitar a própria morte como forma de total entrega e de última comunhão até com os inimigos.

12. Como se revelou o Espírito Santo, nossa força?

O Espírito Santo é a segunda mão pela qual o Pai nos alcança e nos abraça. Pai e Filho enviaram ao mundo o Espírito Santo. Primeiramente o Espírito sempre agia na terra: incentivando a vida, animando a coragem dos profetas, inspirando sabedoria para as ações humanas. Sua grande obra foi vir sobre Maria e no seu seio formar a santa humanidade do Filho encarnado em Jesus; desceu sobre Jesus por ocasião do batismo de João; na força do Espírito, Cristo faz portentos libertadores das mazelas humanas. O próprio Jesus disse: "Se eu expulso demônios pelo Espírito de Deus, é sinal de que chegou até vós o Reino de Deus" (Mt 12,28). Depois da ascensão de Jesus ao céu, é o Espírito que aprofunda e difunde a mensagem de Cristo. Ele nos faz acolher com fé e amor a Pessoa do Filho e nos ensina a rezar: *Abba*, Pai nosso!

Há quatro lugares privilegiados de revelação do Espírito Santo. O primeiro é a Virgem Maria. Ele morou nela. Elevou-a à altura do divino. Por isso o que nasce de Maria, como diz São Lucas, será chamado Filho de Deus (Lc 1,35). O feminino foi tocado pelo Divino e também eternizado. A mulher possui seu lugar em Deus.

O segundo lugar é Cristo. Ele estava cheio do Espírito. Por isso era o novo homem, totalmente livre e libertado das amarras históricas. Na força do Espírito lança seu programa messiânico de total libertação (Lc 4,18-21). O Espírito e Cristo sempre estarão juntos para reconduzir a criação ao seio da Santíssima Trindade.

O terceiro lugar é a missão. O Espírito desce em Pentecostes sobre os apóstolos; tira-lhes o medo e os envia a expandir a mensagem de Cristo entre todos os povos. É o Espírito que na missão permite ver e realizar a unidade na pluralidade de nações e línguas. A variedade não precisa significar confusão, mas a riqueza da unidade.

O quarto lugar é a comunidade humana e eclesial. Dentro dela aparecem muitos serviços e habilidades. Há os que sabem consolar, outros coordenar, outros escrever, outros ainda construir. Da mesma forma na comunidade cristã: aí existe todo tipo de serviço e de ministério, seja a bem da comunidade, seja a bem da sociedade, muitas vezes rompendo os esquemas e inaugurando o novo. Tudo provém do Espírito. Os cristãos meditaram sobre todas estas manifestações e concluíram: o Espírito Santo também é Deus com o Pai e o Filho. Não são três deuses, mas um só Deus em comunhão de Pessoas.

Estes são sinais da presença do Espírito: quando há entusiasmo no trabalho da comunidade; quando há coragem para inventar caminhos novos para novos problemas; quando há resistência contra toda a opressão; quando há a vontade de libertação que comece pela justiça dos pobres; quando há fome e sede de Deus e unção no coração.

13. A consciência trinitária dos primeiros cristãos

No Novo Testamento existe a revelação da Santíssima Trindade. Mas não existe uma doutrina elaborada sobre este fato. A doutrina supõe o questionamento, a reflexão e a sistematização das ideias. Tal coisa surgirá somente dois séculos depois, quando os cristãos tiveram que elaborar ideias claras sobre a divindade de Jesus e do Espírito Santo.

Mas nos escritos dos primeiros cristãos, particularmente nas cartas de São Paulo, de São Pedro e de São João, se percebe a consciência trinitária. Esta consciência se expressa por fórmulas ternárias, quer dizer, por maneiras de pensar e de dizer nas quais o Pai, o Filho e o Espírito Santo sempre aparecem juntos. Tal fato mostra que aí existe a *fé* na Santíssima Trindade, embora não se perceba, claramente, uma *doutrina* bem elaborada sobre a Santíssima Trindade; ou então, ela está aí apenas embrionariamente. Arrolemos alguns textos mais significativos.

O primeiro é aquele da comunidade eclesial de São Mateus: "Ide, pois, fazei discípulos meus todos os povos, batizando-os em nome do Pai, do Filho e do Espírito Santo" (28,19). Já dissemos que este texto é tardio (por volta do ano 85) e significa: pelo batismo o fiel é introduzido na comunhão da Trindade e está sob a proteção dos divinos Três.

O segundo texto mais importante é aquele de São Paulo, utilizado hoje em todas as missas: "A graça de Nosso Senhor Jesus Cristo, o amor de Deus (Pai) e a comunhão do Espírito Santo estejam com todos vós" (2Cor 13,13). A fórmula ternária é tão explícita que se dispensa qualquer comentário.

Outro texto trinitário é da carta aos tessalonicenses: "Nós, porém, devemos dar incessantes graças a Deus por vós, irmãos amados do Senhor, a quem desde o princípio Deus escolheu para salvar pela santificação do Espírito e pela fé verdadeira. Por meio de nossa evangelização, Ele também vos chamou para alcançardes a glória de Nosso Senhor Jesus Cristo" (2Ts 2,13-14). Aqui aparecem juntos, na obra da salvação, os divinos Três. Importa recordar que sempre quando o Novo Testamento fala de Deus subentende Pai. Textos semelhantes a estes são aqueles de 1Cor 12,4-6 e Gl 3,11-14; 2Cor 1,21-22; 3,3; Rm 14,17-18; 15,16; 15,40; Fl 3,3; Ef 2,20-22; 3,14-16.

Destacamos ainda outros textos em razão de sua clareza: "A prova de que sois filhos é que Deus (Pai) enviou a nossos corações o Espírito de seu Filho, que clama: *Abba*, Pai" (Gl 4,6). "É Deus (Pai) quem nos confirma juntamente convosco em Cristo, que nos consagrou e nos selou e nos depositou como um primeiro sinal o Espírito nos corações" (2Cor 1,21-22). "É por Jesus Cristo que nós, judeus e pagãos, temos acesso junto ao Pai num mesmo Espírito" (Ef 2,18).

Haveria ainda outros textos que poderão ser lidos sem maiores explicações, como aquele da epístola de Tito 3,4-6, da primeira de Pedro 1,2, da epístola de Judas, versículos 20-21, do Apocalipse 1,4.5 e outros mais.

A tônica destes textos é sempre esta: na obra da aproximação libertadora de Deus junto dos seres humanos sempre emergem os três Divinos em comunhão, atuando junto e nos inserindo em sua vida divina.

> *Mais importante que a consciência do bem é fazer o bem. Mais importante que saber como o Pai, o Filho e o Espírito Santo são um só Deus, é viver a comunhão que é a essência da Trindade.*

14. O Antigo Testamento: preparação para a revelação da Santíssima Trindade

Se o único verdadeiro Deus se chama Trindade de Pessoas, Pai, Filho e Espírito Santo, então devemos também admitir que toda revelação divina, em qualquer parte da história, significa uma manifestação da Santíssima Trindade. Certamente as pessoas não sabem que o encontro com Deus implica sempre um encontro com as três divinas Pessoas; mas, uma vez descoberta esta verdade, podemos sempre dizer: toda experiência autêntica de Deus significa, na verdade, uma experiência do Deus trinitário. À luz desta verdade, podemos reler as religiões do mundo e particularmente o Antigo Testamento. Aí percebemos indícios de uma consciência de que em Deus há diversidade e que nele existe a comunhão e o amor. Assim, no Antigo Testamento se professa a fé de que existe somente um único Deus, mas simultaneamente se testemunha que este Deus saiu de si, que estabeleceu uma aliança com os homens e as mulheres, que toma partido pelos oprimidos e quer sua libertação.

Nos escritos do Antigo Testamento descobrimos três personificações que acenam para a fé futura na Santíssima Trindade. Em primeiro lugar, se personifica a Sabedoria. Ela é o Deus presente entre os homens, abrindo caminhos onde há dúvidas, acendendo luz no meio das buscas humanas. Ela é Deus, mas possui uma relativa autonomia do próprio Deus. Em segundo lugar, se personifica a Palavra de Deus. Pela Palavra, Deus está no meio da comunidade: por ela, Ele comunica sua vontade, julga a história, salva e promete o futuro Libertador. Esta Palavra é Deus, mas ao mesmo tempo ganha relativa independência dele, o que vem mostrar que em Deus existe unidade e diversidade. Por fim, a força de Deus vem também personificada. É o Espírito de sabedoria, de discernimento, de coragem, de santidade. Esta força de Deus manifesta-se na criação, na história, na vida das pessoas, particularmente nos justos e nos profetas. O Novo Testamento viu nestas manifestações a presença do Espírito Santo, terceira Pessoa da Santíssima Trindade.

A Santíssima Trindade quis manifestar-se progressivamente às pessoas humanas. Primeiro, como ensinava Santo

Epifânio, "a unidade em Moisés é ensinada; segundo, a dualidade nos profetas é anunciada; e em terceiro, nos evangelhos a Trindade é encontrada".

> *A revelação é como a vida. Sempre há a preparação daquilo que vai surgir. A aurora prepara o sol nascente, a semente a planta e a flor o fruto. Assim o Antigo, o Novo Testamento; o Deus da aliança, o Deus da comunhão.*

III
A razão humana e a Santíssima Trindade

15. Como os cristãos expressaram a Santíssima Trindade

A vinda do Filho e do Espírito Santo inaugurou um tempo novo na humanidade. Os primeiros cristãos, vendo as ações e as palavras de Cristo e atentos às manifestações do Espírito Santo, chegaram à conclusão de que Deus Pai os havia enviado e que os três eram o Deus em comunhão e intercomunicação.

Inicialmente não havia reflexão teológica acerca desta convicção. O ambiente litúrgico foi o primeiro lugar de expressão da fé trinitária. As *doxologias*, quer dizer, as orações de louvor e de ação de graças, constituíram as oportunidades primordiais nas quais os fiéis testemunharam a presença do Pai, do Filho e do Espírito Santo. As orações antigas, bem como as nossas de hoje, terminavam sempre com "o Glória ao Pai, pelo Filho na unidade do Espírito Santo".

Depois havia também a prática sacramental. De forma solene se celebrava o Batismo e a Eucaristia. Consoante o mandato do Ressuscitado, conservado em São Mateus (28,19), os cristãos batizavam "em nome do Pai, do Filho e do Espírito Santo". Os primeiros formulários de missas (anáforas ou cânon) vinham sempre estruturados em forma trinitária. O Pai é sempre o fim e objetivo de toda celebração. Nela se celebram os mistérios da vida, paixão, morte, ressurreição e ascensão de Jesus, se recorda a vinda do Espírito em Pentecostes e sua atuação na comunidade e na história. E tudo é feito para inserir as pessoas na comunhão trinitária.

Conhecemos também os primeiros credos (chamados "símbolos" na Igreja Antiga). Aí já havia uma clara consciência trinitária. O atual rito do batismo conserva ainda a mesma estrutura de expressão de fé que o rito do século II em Roma. Aí se diz: "Creio em Deus, Pai, todo-poderoso... e em Jesus Cristo, um só seu Filho Nosso Senhor... creio no Espírito Santo". Ainda hoje, os cristãos costumam começar e terminar o dia fazendo o sinal da cruz; é uma expressão da fé no Deus cristão que é sempre a comunhão e copresença das três Pessoas.

Por fim, a partir do século III começaram as reflexões teológicas. Em primeiro lugar se refletiu sobre a verdadeira natureza de Cristo, a mesma do Pai; por isso é igualmente Deus como e com o Pai. Depois chegou-se à clareza de que também o Espírito é igualmente Deus como e com o Pai e o Filho. Somente em 381 no Concílio de Constantinopla definiu-se com todas *as* palavras que Deus é três *Pessoas* na unidade de uma mesma *natureza* de amor e de comunhão.

> *O pensamento reflexo nunca tem a primeira palavra. Primeiro vem a vida, a celebração da vida e o trabalho. Depois vêm a reflexão e a doutrina. Assim também ocorreu com os primeiros cristãos. Começaram louvando o Pai, o Filho e o Espírito Santo, em seguida batizando as pessoas no nome da Trindade. Só por fim começaram a refletir sobre o que celebravam e faziam.*

16. Três maneiras de se entender a Santíssima Trindade

Ao longo da história, os cristãos desenvolveram três modalidades principais de apresentar de forma mais sistemática o mistério da Santíssima Trindade. Por onde começar? Vejamos cada uma das formas, a grega, a latina e a moderna.

Os *gregos* partiam da Pessoa do Pai. Nele viam a fonte e o princípio de toda a divindade e de todas as coisas que existem. O credo bem o diz: "Creio em Deus *Pai* todo-poderoso". Este Pai está cheio de inteligência e de amor. Ao expressar-se a si mesmo, gera de si o Filho como a suprema expressão de sua natureza. É sua Palavra reveladora do seu mistério sem princípio. Ao proferir a Palavra (o Filho) emite também o Sopro. Espira o Espírito Santo que sai do Pai simultaneamente com o Filho. Assim o Pai entrega às duas Pessoas toda sua substância e natureza. Desta forma os três são consubstanciais, quer dizer, possuem juntos a mesma natureza e, por isso, são Deus.

Os *latinos* partiam da única natureza divina. Esta natureza é espiritual. Por isso está cheia de vitalidade e de dinamismo interior. Este princípio espiritual enquanto é eterno, sem princípio e sem fim, se chama Pai. Enquanto o Pai se conhece a si mesmo, se projeta para fora como Palavra, gera o Filho. Enquanto Pai e Filho estão voltados um para o outro, se reconhecem e se amam, espiram juntos (como de um princípio só, como de um só movimento) o Espírito Santo. Se os gregos acentuavam no credo a expressão Pai ("creio em Deus Pai todo-poderoso), os latinos se detinham mais no *Deus* ("creio em Deus..."); somente depois passavam para a Pessoa do Pai.

Os *modernos* preferem partir das relações entre as três divinas Pessoas. Partem decididamente da novidade cristã. Deus é, desde o princípio, Pai, Filho e Espírito Santo. Mas as três Pessoas estão de tal maneira interpenetradas umas nas outras, entretêm entre si um laço de amor tão íntimo e forte que são um só Deus. São três amantes de um só amor ou são três Sujeitos de uma única comunhão.

Cada uma destas visões possui as suas vantagens. Num mundo onde se tende a venerar muitos deuses e fetiches é aconselhável partir da unidade da natureza divina. Numa realidade onde se acentua demasiadamente a unicidade e o absoluto de Deus e a concentração do poder político e religioso é bom partir da trindade de Pessoas em comunhão. Numa sociedade de egoísmo, onde não há comunhão suficiente para humanizar as relações, nem são respeitadas as diferenças, é indicado partir das relações iguais, amorosas e unitivas entre as três Pessoas. Então aparece claro que a Santíssima Trindade é a melhor comunidade e que ela é o programa de libertação dos cristãos.

Os filósofos gostam de falar de Deus como o Absoluto. Esta linguagem tem um inconveniente: estabelece sempre um dualismo fundamental entre o Absoluto e o Relativo, entre a Eternidade e o tempo, entre Deus e o mundo. Os cristãos preferimos falar da Comunhão das divinas Pessoas que é sempre inclusiva, pois engloba também a humanidade, o mundo e o tempo.

17. As palavras-chave para se expressar a fé na Santíssima Trindade

Depois de 150 anos de reflexões, discussões e encontros de bispos, a Igreja chegou a fixar as palavras-chave com as quais pode expressar sua fé na Santíssima Trindade sem erro e sem distorções. É verdade que as expressões parecem frias e formais. Mas elas devem ser completadas com o coração que se inflama ao saber que é o receptáculo dentro do qual moram as três divinas Pessoas.

Natureza divina uma e única: Para expressar o que une na Trindade e faz as três Pessoas serem um só Deus a Igreja usou a palavra natureza (substância ou essência). Natureza é a essência de Deus em seu aspecto dinâmico, portanto, aquilo que constitui Deus como Deus, distinto de qualquer outro ser possível. Essa natureza é numericamente única e se encontra presente no Pai, no Filho e no Espírito Santo.

Pessoa é aquilo que distingue em Deus, isto é, o Pai, o Filho e o Espírito Santo. Por pessoa entendemos a individualidade que existe em si, voltada para os outros, numa existência singular, distinta das outras. Assim o Pai é distinto do Filho, embora não seja outra coisa que o Pai, pois possui a mesma natureza. É próprio de cada Pessoa estar aberta à outra e se entregar totalmente, de tal forma que o Pai está todo no Filho e no Espírito Santo e assim cada Pessoa respectivamente.

Processões designa a maneira e a ordem segundo as quais uma Pessoa procede (daí processões) da outra. Existem duas processões: a geração do Filho e a espiração do Espírito Santo. Diz-se que o Pai se conhece a si mesmo absolutamente. Esta operação é tão absoluta no Pai que Ele *gera o* Filho. O Pai não causa o Filho, mas lhe comunica totalmente o seu próprio ser. Pai e Filho se contemplam e se amam. Esse amor faz com que ambos espirem o Espírito Santo, como expressão do amor do Pai e do Filho.

Relações são as conexões que existem entre as três divinas Pessoas. O Pai em relação ao Filho possui a paternidade; o Filho em relação ao Pai possui a filiação; Pai e Filho em relação ao Espírito Santo possuem a espiração ativa; o Espírito Santo em relação ao Pai e ao Filho possui a espiração passiva. As relações permitem distinguir uma Pessoa da outra. Mas as Pessoas se distinguem também pela sua própria Personalidade.

Missões designam a presença das Pessoas divinas dentro da história; assim se diz que o Pai, ao gerar o Filho, projetou toda a criação; o Filho se encarnou para nos divinizar e redimir; o Espírito Santo foi missionado para nos santificar e reconduzir tudo ao Reino da Trindade. Com estas palavras entrevemos um pouco do mistério divino de comunhão e de infinito amor.

> *Não nos foram reveladas palavras, mas Pessoas: o Pai, o Filho e o Espírito Santo. As palavras somente valem quando nos recordam e nos levam às Pessoas divinas. Por isso é preciso usá-las com unção e com amor. Caso contrário são como camelos que ficam cegos antes de chegarem ao oásis de águas borbulhantes.*

18. Formas errôneas de se entender a Santíssima Trindade

A fé cristã desde os primórdios professou que o Deus revelado por Jesus é Trindade, Pai, Filho e Espírito Santo.

Inicialmente não havia problemas, pois os cristãos não haviam ainda sentido a necessidade de aprofundar as implicações de sua fé. Como combinar a fé num único Deus, como se acreditava no Antigo Testamento, com a fé do Novo Testamento, que afirma haver a Trindade? Houve na Igreja de ontem e perduram até os dias de hoje três formas errôneas de se entender a Santíssima Trindade: o modalismo, o subordinacionismo e o triteísmo. Vejamos cada uma.

O *modalismo* é o erro segundo o qual a Santíssima Trindade representa três modos (daí modalismo) do único e mesmo Deus aparecer aos homens. Deus só pode ser um e habita numa luz inacessível. Entretanto, dizem os modalistas, quando se revela aos seres humanos, aparece sob três máscaras diferentes. Quando se fala que Deus cria, ele aparece com a máscara de Pai. Quando se fala que Deus salva, ele aparece sob a máscara de Filho. Quando se fala que Deus santifica e reconduz toda a criação ao Reino dos céus, o mesmo e único Deus aparece sob a forma de Espírito Santo. Somente para nós Deus é Trindade. Nele mesmo Ele é apenas o único e solitário Deus. Com esta compreensão errônea se renuncia à ideia tipicamente cristã de Deus, como sendo a comunhão dos três únicos, o Pai, o Filho e o Espírito Santo. A Igreja Antiga e posteriormente sempre condenou esta forma de se representar a Santíssima Trindade.

O *subordinacionismo* significa que o Filho e o Espírito Santo são subordinados (daí subordinacionismo) ao Pai. Somente o Pai é plenamente Deus. O Filho é a mais excelsa criatura que o Pai criou. Mas Ele não é Deus. No máximo possui uma natureza semelhante à do Pai, mas nunca é igual e com a mesma natureza do Pai. Da mesma forma se diz do Espírito Santo. Ele depende do Pai e não é Deus. Outros chegaram a dizer que o Filho é apenas adotivo, mas jamais unigênito e da mesma substância do Pai. Com esta compreensão se perde a igualdade entre as três divinas Pessoas e também a plena divindade de cada uma delas. A Igreja, especialmente no Concílio de Niceia (325), condenou esta doutrina.

Por fim existe o *triteísmo*. Alguns cristãos diziam: existem sim três Pessoas divinas. Mas elas são três deuses, distintos, separados uns dos outros. Esta doutrina foi rejeitada. Como pode haver três infinitos? Três absolutos? Três eternos? As Três Pessoas estão eternamente relacionadas e em comunhão a ponto de serem um único Deus-amor-e-vida.

Estes erros obrigaram os cristãos a aprofundar seu conhecimento da Santíssima Trindade, mantendo sempre a unidade do amor e a trindade das Pessoas que amam.

As doutrinas errôneas são geralmente leituras caolhas da verdade. Para contemplar a verdade com os dois olhos precisamos de muito esforço da razão. As doutrinas errôneas nos obrigam a isso. Por isso não representam uma desgraça absoluta, mas um acidente de percurso no rumo certo.

IV
A imaginação humana e a Santíssima Trindade

19. Crer também com a fantasia

Nós não cremos somente com o coração que ama e a cabeça que pensa. Cremos também com nossa fantasia. Sem a fantasia não somos quase nada. É a partir da fantasia que a nossa esperança se fortifica e toda a realidade ganha colorido. Só podemos apreender o que Deus nos prometeu se usarmos a fantasia, porque a mente humana apenas alcança o presente e pensa Deus com conceitos tirados do mundo. O próprio Jesus quando nos descreve o Reino de Deus usa de imagens e comparações tiradas da fantasia: a imagem da semente, do tesouro escondido, do banquete, do patrão que chega de surpresa à sua propriedade. Os pensadores cristãos, desde os primeiros séculos, usaram de imagens para poderem compreender melhor e comunicar alguma ideia do augusto mistério da Trindade. Assim, por exemplo, Santo Inácio de Antioquia (morreu em 104) escreveu uma carta aos Efésios na qual fala desta forma da Santíssima Trindade: "Sois pedras do templo do Pai, preparadas para a construção de Deus Pai, alçadas para as alturas pela alavanca de *Jesus Cristo*, alavanca que é a cruz, servindo-vos do *Espírito Santo* como de uma corda". Aqui as três Pessoas divinas aparecem agindo na história em função da salvação do mundo.

Muito conhecido é também o ícone do russo Rublev (por volta de 1410). Apresenta as três Pessoas divinas na forma dos três anjos que apareceram a Abraão em Mambré (Gn 18,1-5) e que depois desapareceram, deixando a impressão clara de uma visita do próprio Deus. Os três estão sentados ao redor de uma mesa sobre a qual está a Eucaristia. Eles são iguais uns aos outros e, ao mesmo tempo, são distintos. Eles se olham uns aos outros com respeito e em profunda comunhão de amor. A Eucaristia significa a presença de Cristo e junto dele do Espírito que foi enviado pelo Pai, quer dizer, toda a Santíssima Trindade morando conosco na terra.

Há ainda uma outra representação muito significativa que se encontra numa pequena igreja da Baviera (Urschalling bei Prien). Aí se mostra o Espírito Santo em forma de mulher, tendo de um lado o Pai e de outro o Espírito Santo. Eles colocam as mãos, respeitosamente, por sobre os seios do Espírito Santo. E terminam embaixo, unidos como se fosse um só corpo, encoberto por uma longa túnica. Aqui, novamente, há a diversidade (as três Pessoas) incluindo o feminino em Deus e a unidade (a mesma natureza de amor e comunhão). Na Igreja de Trindade em Goiás também se representa a Santíssima Trindade coroando a Nossa Senhora, que está no lugar de toda a criação. Não é sem razão que os cristãos de lá escreveram num grande painel: "A Santíssima Trindade é a melhor comunidade", como saudação aos cristãos das CEBs de todo o Brasil.

> *Somos templos da Santíssima Trindade. Ela está em todas e em cada uma das nossas dimensões. Cada faculdade de nosso espírito é digna para louvar e reconhecer as divinas Pessoas. É a fantasia, por isso, menos digna porque em vez de pensar ela sonha, em vez de ter ideias tem representações? Ela, a seu modo, também bendiz a Trindade Santa.*

20. A pessoa humana como imagem da Trindade

No Gênesis se diz que o ser humano foi criado à imagem e semelhança de Deus (Gn 1,27). Para nós cristãos significa que cada pessoa humana, homem e mulher, revela traços da Santíssima Trindade, que é o único Deus verdadeiramente existente. Como aparece no ser humano a imagem do Pai, do Filho e do Espírito Santo? Santo Agostinho foi o teólogo que mais pesquisou esta realidade. Suas elaborações são válidas até os dias de hoje.

Cada pessoa humana aparece, primeiramente, como um mistério para si mesma. Por mais que nos conheçamos, que outros nos conheçam e que as ciências nos tragam dados e mais dados sobre a existência humana, permanecemos para nós mesmos um mistério profundo. Por isso não podemos julgar a ninguém e devemos manter uma atitude de respeitosa escuta de cada pessoa humana, por mais humilde que ela seja. Cada qual tem algo a dizer e a revelar e com tais revelações podemos descobrir melhor o rosto do Deus tri-uno. A pessoa enquanto é mistério abissal representa o Pai que como Pessoa divina, princípio sem princípio, é o mistério primeiro e fundamental.

A pessoa como mistério possui inteligência e se comunica para fora de si mesma. Ela se autoconhece e cria todo um mundo de representações e ideias. Ela diz a verdade de si mesma. Esta verdade ou palavra de si mesma representa o Filho que é a Verdade e a Palavra reveladora do Pai. Por isso sempre que pensamos corretamente, sempre que dizemos a verdade sobre nós mesmos e sobre as coisas do mundo, estamos servindo a Palavra divina que em nós se revela. A pessoa não apenas se conhece. Ela também ama. Quer estar unida às outras pessoas e às coisas. O Espírito Santo é o amor dentro da Santíssima Trindade. Ele une Pai e Filho, fazendo que se supere a oposição Pai-Filho. Pelo Espírito Santo se revela entre as três Pessoas uma união de comunhão e de amor eternos que sempre as entrelaça. Quando amamos e nos sentimos confraternizados com os outros, estamos revelando na história o que significa o Espírito Santo.

A pessoa como mistério, como inteligência e como amor, constitui uma unidade dinâmica e sempre aberta. Não são três coisas justapostas. É sempre a pessoa que é mistério, que pensa e que ama. Assim, cada um de nós, em sua unidade e em sua diversidade, mostra que, realmente, é imagem e semelhança de Deus que é Pai, Filho e Espírito Santo. Com que respeito não devemos tratar a cada pessoa, por ser templo da Santíssima Trindade?!

Se violamos a natureza humana, se atropelamos os direitos da pessoa, se vilipendiamos os pobres, destruímos todos os caminhos de acesso ao Deus-vida-e-comunhão. Porque a bússola de todos os caminhos passa pelo respeito à pessoa humana, imagem da Trindade. O desrespeito destruiu o ponteiro e não há mais bússola.

21. A família humana, símbolo da Trindade

Cada pessoa humana carrega em todo o seu ser e em seu agir os traços das três Pessoas divinas. Toda pessoa humana nasce de uma família. Já aqui se mostram sinais da presença do Deus tri-uno. Deus é comunhão e comunidade de Pessoas. Ora, a família se constrói sobre a comunhão e sobre o amor. Ela é a primeira expressão da comunidade humana.

Em cada família completa e normal temos a ver com três elementos: o pai, a mãe e a criança. Há diversidade de pessoas. O pai, em nossa cultura, é a expressão do amor objetivado no trabalho, na construção do lar e na segurança. A mãe é, em nossa percepção, o amor gerador e protetor da vida, a intimidade da casa e o aconchego. Pai e mãe se entrelaçam no amor, no mútuo reconhecimento e admiração, na mesma tarefa de levar avante a família. Convivem sob o mesmo teto, compartem das mesmas preocupações e comungam das mesmas alegrias. A expressão da comunhão e do reconhecimento mútuo é a criança que nasce. Ela une os dois. Faz que o marido e a mulher se transformem em pai e mãe. Ambos saem de si e se concentram numa realidade para além deles e que é fruto do relacionamento amoroso entre eles: a criança. Na família temos uma imagem, das mais ricas, da Santíssima Trindade. Primeiramente existem os três elementos: pai-mãe-criança. Em seguida há a distinção das pessoas. Uma não é a outra. Cada qual tem a sua autonomia e sua tarefa própria. Entretanto, estão relacionados por laços vitais e fortes, como o amor. Há uma só comunhão de vida. Por isso, permanecendo três, formam uma só família. A unidade da família é semelhante àquela da Santíssima Trindade. A unidade é expressão do amor, da saída de cada Pessoa na direção da outra, da comunhão da mesma vida. Há o reconhecimento entre pai e mãe, como, de forma semelhante, existe entre o Pai e o Filho. A criança une pai e mãe. De forma análoga, o Espírito Santo, que procede do Pai e do Filho, une o Pai e o Filho. Por isso se diz que o Espírito Santo é amor unitivo. Ele é a Pessoa divina que une as Pessoas eternas e as pessoas humanas.

Para que seja o sacramento da Trindade, a família humana precisa buscar sua perfeição. Historicamente a família humana vem marcada também pelo pecado e pela desunião. Mas sempre que a família procura se orientar pela busca da integração e pela vivência consequente do amor, ela se faz um sinal do Deus trino dentro da história.

Na família bem constituída encontramos as principais dimensões da Santíssima Trindade: a distinção (pai, mãe e filhos) e a união de uma só vida, de um só amor e de uma mesma comunhão, no entrelaçamento dos três que constituem uma só família. Nascemos no seio de uma família e viveremos eternamente como filhos e filhas na família divina.

22. A sociedade como imagem da Trindade

A pessoa humana não vive apenas em si mesma, na profundidade de seu mistério individual. Não nasce apenas de uma família, como expressão de amor entre marido e mulher. Ela se insere dentro da sociedade humana, onde se encontra a pessoa e a família. A sociedade constitui, para quem a observa com atenção, um poderoso sinal da Santíssima Trindade na história.

A sociedade não é uma realidade que nasce pronta e foi feita diretamente por Deus ou pela natureza. A sociedade é o resultado de três forças que atuam sempre em conjunto e permanentemente. Aqui identificamos os traços da Trindade.

Em primeiro lugar existe a força econômica. Por ela organizamos a produção e a reprodução da vida humana. Pela economia elaboramos os alimentos necessários para o corpo. De forma socialmente organizada os produzimos, os distribuímos e consumimos. A força econômica nunca tem a ver somente com as realidades materiais e assim chamadas econômicas. Temos a ver sempre com realidades humanas porque comer, sustentar uma vida, garantir o alimento para quem tem fome é uma realidade profundamente humana e também espiritual. Esta força está por debaixo de todas as demais, porque sem ela não existe vida. E sem a vida não há sociedade, nem religião, nem adoração.

A segunda força é a política. Pela política nos organizamos socialmente, distribuindo o poder, as profissões e as responsabilidades. Pela política criamos as relações humanas e projetamos as instituições necessárias para fazer funcionar a sociedade, para satisfazer as necessidades materiais, espirituais e culturais das pessoas.

Por fim, em terceiro lugar, existe a força cultural. Por ela criamos todos os valores e significações que tornam nossa vida e nossa prática válidas e expressivas. Assim pela força cultural surgem os ritos das religiões, as filosofias, as artes e todos os símbolos pelos quais expressamos nossos pensamentos e valores. Ninguém vive sem valorizar as coisas que faz ou que estão à sua volta.

Toda sociedade humana se constrói, se solidifica e se desenvolve pela coexistência e interpenetração destas três forças. Elas sempre agem conjuntamente, de tal forma que no econômico está o político e o cultural e assim sucessivamente.

Ora, é bem isso que dizemos ser a Santíssima Trindade: as três Pessoas são distintas, mas atuam sempre juntas. A inter-relação entre os divinos Três faz com que sejam um só Deus, espelhado na nossa realidade social.

> *"A comunhão que se deve construir entre os homens abrange todo o seu ser desde as raízes do amor, e deve se manifestar em toda a sua vida, até na sua dimensão econômica, social e política. Produzida pelo Pai, pelo Filho e pelo Espírito Santo esta comunhão é a comunicação de sua própria comunhão trinitária"* (Documento de Puebla, n. 215).

23. A Igreja, grande símbolo da Trindade

Um grande teólogo do século III, Tertuliano, um dos primeiros formuladores da doutrina sobre a Trindade, escreveu o seguinte: "Onde estão o Pai, o Filho e o Espírito Santo, aí também se encontra a Igreja que é o corpo dos Três". Em cada pessoa humana se espelha o mistério trinitário; reflete-se também na família; mostra sinais na sociedade. Mas é na Igreja que este augusto mistério de comunhão e de vida encontra sua mais visível expressão histórica.

A Igreja, por definição, e a comunidade de fé, esperança e amor que procura viver o ideal de união proposto pelo próprio Jesus Cristo: "Que todos sejam um como tu, Pai, estás em mim e eu em ti, para que eles estejam em nós" (Jo 17,21).

A unidade dos cristãos não reside numa uniformização burocrática, mas numa interpenetração dos fiéis entre si e com os seus pastores a serviço dos outros.

A Igreja se constrói sobre três eixos fundamentais e é nisso que aparece mais concretamente sua semelhança com os divinos Três: sobre a fé, a celebração da fé e a organização em vista da coesão interna, da caridade e da missão no meio dos homens. Estes três momentos são concretização da própria comunidade que se reúne para proclamar e aprofundar a fé, para celebrar a presença de Cristo ressuscitado e de seu Espírito na história dos homens e, particularmente, na própria comunidade cristã e para se organizar em vista do serviço coerente a todas as pessoas, a começar pelos pobres. Fé, celebração e organização não são realidades justapostas e independentes umas das outras. São a própria Igreja em movimento dinâmico de vida e de serviço. A comunhão na Igreja não se expressa apenas no campo religioso. Ela se realiza também num projeto social de comunhão de bens, de participação de vida e de criação de fraternidade, como se vê claramente nos Atos dos Apóstolos, onde se narra a vida da primitiva comunidade apostólica (cf. At 2,44-45; 4,34-36).

Quando Tertuliano diz que a Igreja é o corpo das três Pessoas divinas quer insinuar que através da vivência da fé, da participação no culto e da organização sagrada, se dá a conhecer algo do mistério do Pai, da inteligência do Filho e do amor do Espírito Santo. A Igreja é tudo isto, não simplesmente pelo fato de ser Igreja, mas pelo fato de viver com coerência a mensagem evangélica de ser no mundo um espaço de fé ardente, de esperança invencível e de amor comprometido.

> *Quanto mais a Igreja beber de sua fonte eterna que é a comunhão trinitária, pela qual os três Distintos se unificam e são um só Deus, tanto mais ela superará as divisões internas, deixará de ser clerical e laical e se transformará num espaço de relações igualitárias num Povo de Deus, de verdadeiros irmãos e irmãs no serviço do Reino da Trindade.*

24. O mundo, sacramento da Trindade

Toda a criação é obra da Santíssima Trindade. Cada Pessoa age a partir de suas qualidades próprias, de tal sorte que surgem por toda a parte sinais do Deus tri-uno. Deus em seu mistério jamais poderá ser adequadamente representado. Por isso com razão ensinava o Concílio do Latrão IV (1215): a dissemelhança entre o Criador e a criatura é maior do que a semelhança. Mas nem por isso ficamos privados das pegadas do Divino impressas em toda a criação.

Estudiosos como o renomado psicólogo Carl Gustav Jung estudaram, por exemplo, a simbologia do número três. Este número é um arquétipo (uma matriz profunda da alma a partir da qual captamos nossas experiências) que se encontra em todas as culturas. Ele se manifesta também no inconsciente. Sua significação antropológica é semelhante àquela bíblica: o ser humano é imagem e semelhança de Deus. O número três simboliza a exigência humana de integração, de associação e de totalidade. Às vezes, junto à Trindade, aparece um quarto elemento, não raro, de forma feminina como Maria, a criação ou a Sabedoria. Esse quarto elemento quer expressar a comunhão dos divinos Três voltados para fora: Eles se autocomunicam e convidam as pessoas e a criação à comunhão de amor e de vida, próprias da vida trinitária.

Na pregação se tem lançado mão de analogias e figuras tiradas da vida material, para expressar a trindade de Pessoas e a unidade de comunhão. Assim se faz referência ao sol, ao raio e ao calor. Outras vezes se fala do fogo que irradia luz e produz calor. Ou então se apontam para três velas acesas, que se encontram numa só chama. Muitos catequistas mostram às crianças o trifólio. É uma folha com três pontas distintas.

Outros apelam ainda para as três energias fundamentais do universo: a energia gravitacional, a eletromagnética e a atômica. Todas as três são expressão da única energia universal. Mais e mais cientistas abandonam a clássica visão das partículas elementares da matéria (próton, nêutron, hádron) e postulam a interação de todos os fatores numa verdadeira pericórese cósmica; usam a palavra que a teologia sempre usou: "Interpenetração" de tudo com tudo (pericórese). São as relações trinitárias refletidas no cosmo. Quem não pensou no triângulo equilátero? Ele possui três lados iguais, constituindo uma única superfície.

Evidentemente, estas imagens são pálidas referências mortas ao mistério vivo do Pai, do Filho e do Espírito Santo, distintos em Pessoas mas eternamente unidos no amor e na comunhão. Nenhuma palavra, nenhuma imagem, nenhum conceito, pode expressar a profundidade do amor trinitário. Somente o coração, que é maior que nossa inteligência, pode vislumbrar a grandiosidade e o encanto da vida divina, pois pelo coração entramos em comunhão com as divinas Pessoas e participamos de sua vida íntima.

> A *natureza não é muda; as pedras falam, o mar se expressa e o firmamento canta a glória de Deus. Nada é justaposto e está jogado ao acaso. Tudo se relaciona e entra em comunhão: o vento com a rocha, a rocha com a terra, a terra com o sol e o sol com o universo. Tudo é pericorizado, empapado da comunhão da Santíssima Trindade.*

V
O que é a Santíssima Trindade: a comunhão de vida e de amor entre os divinos Três

25. A Trindade é uma eterna comunicação de vida

O Deus cristão é a comunhão eterna dos divinos Três, Pai, Filho e Espírito Santo. Eles eternamente estão jorrando um em direção ao outro a ponto de construírem um só movimento de amor, de comunicação e de encontro. Como entender melhor esta realidade? Não se trata de desvendar o mistério de Deus. Trata-se de captar o movimento divino para podermos vivenciar melhor a presença e a atuação da Santíssima Trindade dentro do mundo e na nossa trajetória pessoal. A teologia bíblica encontrou uma palavra para expressar esta dinâmica divina: vida. Deus é entendido como um viver eterno, doador de vida e protetor de toda vida ameaçada como aquela dos pobres e injustiçados. O próprio Jesus, o Filho encarnado, se apresentou como aquele que veio trazer vida e vida em abundância (Jo 10,10). Se analisarmos um pouco o que comporta a vida, captaremos melhor a comunhão dos divinos Três.

Vida é um mistério de espontaneidade, um processo inesgotável de dar e receber, de assimilar, incorporar e en-

CEB
CIMI
CPT
PT

tregar a própria vida em comunhão com outra vida. Ligada ao fenômeno da vida está a expansão e a presença. Um ser vivo não está aí como pode estar uma pedra. O ser vivo possui presença, que significa uma intensificação de existência. O ser vivo fala por si mesmo; não precisa usar palavras para se comunicar. Diante de um vivente devemos tomar posição: acolher ou rejeitar a vida do outro. Toda vida inclui um processo de comunhão com algo diferente com o qual entra em osmose, incorporando-o a si mesmo. Toda vida se reproduz em outra vida. Por sua natureza, a vida se expande. Sempre significa um processo aberto com novas expressões de vida. Entenderemos alguma coisa da Santíssima Trindade se a referirmos ao mistério da vida. Pai, Filho e Espírito Santo são Viventes eternos se autorrealizando na medida em que se autoentregam uns aos outros. A característica fundamental de cada Pessoa divina é ser para a outra, pela outra, com a outra e na outra. Cada Pessoa viva se vivifica eternamente vivificando as outras e participando da vida das outras. Assim como alguém somente é feliz fazendo os outros felizes, de forma semelhante com a vida trinitária: cada Pessoa é viva na medida em que dá a vida às outras e recebe a vida das outras. Porque é assim, entendemos por que o Deus cristão somente pode ser a comunhão dos divinos Três e deve ser Trindade. É mais do que a dualidade, o Pai frente a frente com o Filho. É Trindade que significa a inclusão de um Terceiro para expressar a plenitude da vida para além da contemplação mútua: o Espírito Santo. A vida assim constitui a essência de Deus. E a vida é comunhão dada e recebida. E a comunhão é a Trindade.

Não sabemos o que é a vida. Mas ela implica movimento, espontaneidade, liberdade, futuro e novidade. A Trindade é vida eterna, logo é liberdade, doação e recepção perene, invenção de si mesma para dar-se incessantemente. A Trindade é novidade como cada vida, sempre em mutação, mas sem dispersão. Cada Pessoa é para a outra futuro e por isso sempre nova e surpreendente.

26. Eu-tu-nós: a Santíssima Trindade

O mistério da Santíssima Trindade sempre significou um desafio para a inteligência dos teólogos, a saber, daqueles cristãos que dedicam sua vida a pensar e a procurar as verdades que Deus mesmo nos revelou. Os grandes concílios estabeleceram os marcos principais, à luz dos quais devemos orientar nosso pensamento acerca da Santíssima Trindade. Mas eles nunca fecharam as questões. Sempre se dão conta das insuficiências de toda linguagem humana. No final de todo o esforço sempre acabamos no silêncio reverente. Mas, antes de calar, devemos falar e empregar todos os esforços intelectuais para criar mais e mais luz, pois somente assim fazemos justiça à grandeza de Deus e à profundidade de seu mistério. Neste sentido, nos últimos decênios, se aprofundou muito o conceito de pessoa, aplicado ao Pai, ao Filho e ao Espírito Santo. Segundo a doutrina comum se entendia por pessoa a individualidade que existe em si, distinta de qualquer outra. Assim Pai, Filho e Espírito Santo são distintos uns dos outros e possuem uma existência singular. Modernamente se aprofundou este conceito ao acentuar um aspecto que não foi suficientemente desenvolvido no passado, embora estivesse presente em muitos teólogos cristãos. Pessoa é, sim, um estar-em-si e, por isso, a pessoa significa uma individualidade irredutível; mas esta individualidade se caracteriza pelo fato de estar sempre aberta aos outros. Pessoa é então um nó de relações voltado para todas as direções. Pessoa é um ser de relações.

A pessoa humana nos oferece uma analogia para entendermos melhor o que queremos dizer quando falamos dos divinos Três como Pessoas. Em cada existência humana descobrimos as seguintes relações: sempre há uma relação eu-tu. Nunca o eu está só. Ele sempre é também eco de um tu que ressoa dentro do eu. O tu é um outro eu, diverso, aberto ao eu do outro. É neste jogo de diálogo eu-tu que a pessoa humana vai construindo sua personalidade.

Mas não existe apenas o diálogo eu-tu. Existe também a comunhão entre o eu e o tu. A comunhão surge quando o eu-tu se expressam juntos, quando superam o eu e o tu e, unidos, formam uma relação nova que é o *nós*. Dizer nós é revelar a comunidade. Ora é algo parecido com este processo que ocorre na Santíssima Trindade. O Eu pode ser significado pelo Pai. Este Eu (Pai) suscita um Tu que é o Filho. O Filho não é somente a palavra *do* Pai. É também a palavra *ao* Pai. Desta relação surge o diálogo eterno. Pai (Eu) e Filho (Tu) se unem e revelam o Nós. O Espírito Santo. Ele é o nosso Espírito, o Espírito do Pai e do Filho. Aqui temos, portanto, a união divina, como expressão do relacionamento entre as três divinas Pessoas.

> *"Revela-nos Cristo que a vida divina é comunhão trinitária. Pai, Filho e Espírito vivem em perfeita intercomunhão de amor, o mistério supremo da unidade. Daqui procede todo amor e toda comunhão para a grandeza e dignidade da existência humana"* (Documento de Puebla, n. 212).

27. A Trindade como uma eterna autocomunicação

Quando dizemos: o Pai, o Filho e o Espírito Santo são três divinas Pessoas, a maioria dos cristãos entende a palavra pessoa como normalmente se entende: um indivíduo que possui inteligência, vontade, sentimentos e pode dizer *eu.* Em Deus haveria três inteligências, três vontades, três consciências. Se dissermos somente isto, sem acrescentarmos que os Três estão sempre relacionados, cairemos fatalmente no erro do triteísmo. Com isso queremos dizer que, na verdade, teríamos três deuses distintos.

Em razão desta dificuldade do pensamento moderno houve dois teólogos, um protestante, Karl Barth, e outro católico, Karl Rahner, que tentaram substituir a palavra pessoa na linguagem trinitária. Ela criaria mais dificuldades do que ajudaria os cristãos de hoje para entender o mistério da comunhão trinitária. Quando falamos de Deus simplesmente, fora da referência trinitária, diziam eles, podemos falar de pessoa. Caso contrário, pensaríamos que Deus significaria uma força cósmica impessoal. Deus seria então a Pessoa absoluta ou o Sujeito eterno. Mas com referência à Santíssima Trindade sugeriam que se evitasse a palavra pessoa. No lugar dela Barth propôs que falássemos em *três modos de ser.* Trindade significaria, portanto, que a Pessoa eterna (Deus) realmente existe em três modos de ser, como Pai sem origem, como Filho sempre gerado do Pai e como Espírito Santo eternamente vindo do Pai e do Filho conjuntamente.

Karl Rahner aceitou esta mesma intuição, dando-lhe uma pequena modificação. Ao invés de falar em *três modos de ser*, preferiu falar em *três modos de subsistência.* Esta modificação intenciona evitar o erro do modalismo. Segundo esta doutrina errônea, como atrás havíamos esclarecido, no fundo não se aceita a Santíssima Trindade, mas um só Deus se revelando em três maneiras distintas; seria somente para nós três; em si mesmo, Deus seria e continuaria sempre um. Então Rahner diz o seguinte: Deus é um mistério de comunhão. Está sempre saindo de si e se entregando em vida e amor. É a autocomunicação como mistério radical. Então: enquanto a autocomunicação, no próprio ato de se entregar, permanece soberana e incompreensível, um princípio sem princípio se chama Pai; enquanto esta autocomunicação se exprime e se faz compreensível e por isso é Verdade, se chama Filho; enquanto esta autocomunicação acolhe em Amor e cria União se chama o Espírito Santo. Este processo não é compreendido somente por nós, mas revela Deus assim como é em si mesmo; evitamos o modalismo e estamos diante do mistério da comunhão que sempre se realiza em três modalidades reais e nos insere dentro do mesmo processo, fazendo que, como pessoas, sejamos mais e mais capazes de doação e de amor.

Estas duas compreensões nos parecem insuficientes. Em primeiro lugar, são muito abstratas; ninguém ama e adora a três modos de subsistência, mas a pessoas concretas como o Pai, o Filho e o Espírito. Em segundo lugar, elas mostram a unidade de Deus, mas não respondem pela trindade de Pessoas e pelas relações que vigoram entre as três. No fundo não se consegue sair do monoteísmo e se corre o risco do modalismo. Nós partiremos sempre dos divinos Três em comunhão e eterno amor entre si.

> *Se na Santíssima Trindade há uma lógica, então é esta: dar, dar e mais uma vez dar. As três Pessoas são distintas para poderem se dar umas às outras. E esse dar-se é tão perfeito que as três Pessoas se unem e são um só Deus.*

28. A Santíssima Trindade é a melhor comunidade

No VI Encontro Intereclesial de Comunidades Eclesiais de Base, realizado em fins de julho de 1986 em Trindade, no Brasil Central, havia atrás do altar do santuário um enorme painel onde estava escrito: "A Santíssima Trindade é a melhor comunidade". Representava-se a Santíssima Trindade da seguinte forma: apareciam as mãos do Pai, das quais saía em forma de pomba o Espírito Santo que, por sua vez, repousava sobre a cabeça do Filho Jesus Cristo. Este erguia os braços, tocando as mãos do Pai e agarrados ao seu ombro, de cada lado, havia representantes do povo e dos movimentos populares como a Comissão Pastoral da Terra (CPT), o Conselho Indigenista Missionário (Cimi), as CEBs e outros. Com isso se queria significar: não existe somente a comunhão e a comunidade trinitária; mas junto com ela está a comunidade humana, sempre convidada a participar da comunhão divina.

Este quadro supera a compreensão meramente pessoal da Santíssima Trindade. Evidentemente existem os divinos Três, Pai, Filho e Espírito Santo. Mas eles não existem apenas para serem distintos uns dos outros. Eles existem como distintos para poderem estar juntos pela comunhão e pelo amor. O que realmente existe é uma comunidade divina.

Desde toda a eternidade coexistem, sempre juntos, Pai, Filho e Espírito Santo. Ninguém é antes nem depois, ninguém é superior ou inferior. Eles são igualmente eternos, infinitos e misericordiosos. Eles formam a comunidade eterna.

Quando dizemos comunidade queremos enfatizar as relações recíprocas, diretas e totais que vigoram entre as pessoas. Cada uma das pessoas se volta totalmente para as outras. Não guarda nada para si. Coloca tudo em comum, seu ser e seu ter. Desta comunhão radical surge a comunidade. Na Igreja primitiva dos Atos dos Apóstolos se diz que os cristãos colocavam tudo em comum. Por isso não havia pobres entre eles.

Na Santíssima Trindade ocorre algo semelhante e ainda mais profundo. Os divinos Três são distintos e irredutíveis. Um não é o outro. Mas ninguém se afirma em exclusão do outro. Cada Pessoa divina se afirma afirmando a outra Pessoa e se entregando totalmente a ela. As Pessoas são distintas para poderem se entregar às outras e estarem em comunhão. Assim há riqueza na unidade e não mera uniformidade. A Trindade é modelo de toda e qualquer comunidade: respeitando cada individualidade surge, pela comunhão e pela mútua entrega, a comunidade. Bem o entenderam os cristãos das bases, melhor que qualquer teólogo, e souberam expressar com grande acerto: "a Santíssima Trindade é a melhor comunidade".

> *Na comunidade dos Atos dos Apóstolos, os cristãos se amavam tanto que formavam um só coração e uma só alma* (At 4,32). *Se lá o amor constituía tão forte comunidade, como não deve ser com a Trindade! Santo Agostinho comentando tal fato disse: "O amor em Deus é tanto que impede a desigualdade e cria a igualdade inteira. Se na terra e nos homens pode haver tanto amor a ponto de muitas almas fazerem-se uma só, como não existir também tal amor entre o Pai e o Filho, já que ambos são sempre inseparáveis, e, assim, serem um Deus só? Lá as muitas almas fizeram-se uma só, por uma inefável e suprema conjunção; aqui igualmente e pela mesma razão as Pessoas divinas se fizeram não dois deuses, mas um único Deus"* (Sermão aos catecúmenos sobre o Credo, I, 4: PL 40, 629).

29. O masculino e o feminino dentro da Santíssima Trindade

No Gênesis se diz que Deus criou a humanidade e a criou varão e mulher; e criou ambos como sua imagem e semelhança (Gn 1,27). Somente enquanto masculino e feminino a humanidade representa Deus aqui na terra. Deus está para além dos sexos. Mas o masculino e o feminino humanos encontram sua última raiz lá dentro do próprio mistério trinitário. Pelo fato de o Deus-Trindade ser masculino e feminino, nós enquanto homens e mulheres podemos ser a sua imagem e semelhança.

Nos últimos anos, muitos cristãos, especialmente mulheres, se deram conta de que a linguagem teológica se apresenta quase toda dentro da versão masculina. Deus é Pai que gera eternamente um Filho e que juntos dão origem, desde sempre, ao Espírito Santo. Os conceitos principais do cristianismo são masculinos e somente homens, com a exclusão das mulheres, possuem a condução da Igreja e são ordenados no Sacramento da Ordem.

Baseados na verdade de fé de que cada pessoa humana (masculina e feminina) é imagem e semelhança de Deus, muitos se perguntaram: não poderíamos superar a linguagem sexista (usando só os termos de um sexo, no caso, do masculino) e chegar a utilizar um discurso transexista que aproveita tanto os valores de um sexo quanto de outro para expressar a riqueza do mistério de Deus?

Efetivamente mais e mais cristãos, particularmente nos Estados Unidos, mas também entre nós, evitam de falar só de *homem* para expressar a humanidade e aprendem a dizer sempre homem e mulher, ou simplesmente o ser humano, ou a pessoa humana. De forma semelhante evitam de falar

CEREZO BARREDO 88

de Deus apenas como Pai; introduzem também a palavra Mãe. O próprio Papa João Paulo I, numa audiência pública, disse: “Deus é Pai, mas é principalmente Mãe”. Os profetas no Antigo Testamento usavam expressões que simbolizavam Deus como a Mãe que eleva as pessoas até o colo, beija-as e enxuga-lhes as lágrimas (Os 11,4; Is 49,15; 66,13; Sl 25,6). Ao dizer que Deus é misericordioso, para a mentalidade hebraica significa dizer: Deus é como uma mãe que possui entranhas e se compadece de seus filhos e filhas como toda mãe se apieda de seus filhos e de suas filhas. O Papa João Paulo II na encíclica sobre a *Misericórdia* nos recordou esta dimensão feminina do Pai. Então podemos dizer: Deus-Pai possui traços maternais e Deus-Mãe possui traços paternais. Deus é simultaneamente Pai e Mãe de infinita ternura. Algo parecido poderíamos dizer do Filho e do Espírito Santo. Eles são cofonte do feminino e do masculino. Em sua atuação na história da salvação mostram estes traços masculinos e femininos na vida dos homens e das mulheres justos. Com isso Eles estão próximos de cada um de nós e nos envolvem em nossa própria realidade. O nosso masculino e feminino são inseridos no Masculino e Feminino eternos, numa resplandecente comunhão.

Qual é o nosso futuro como homens e como mulheres? Não basta dizer que ressuscitaremos para a vida eterna. Isso não sacia nossa sede infinita. Cada mulher e cada homem que chegarem ao Reino da Trindade participarão, como homem e como mulher, da própria comunhão trinitária. O feminino e o masculino que nos faz imagem e semelhança da Trindade (Gn 1,27) serão unidos ao eterno Feminino e ao Eterno Masculino.

30. Pai, Filho e Espírito Santo existem desde sempre juntos

O Pai, o Filho e o Espírito Santo, são três Únicos, unidos na vida, no amor e na comunhão eterna. Por isso não são três deuses, mas um só Deus. Eles emergem simultaneamente, irrompem eternamente um na direção do outro, constituindo uma só comunidade de vida, de amor e de união. É semelhante a três fontes cujas águas correm ao encontro de umas com as outras, constituindo uma única lagoa. É como se três esguichos d'água irrompessem para cima e se encontrassem no topo formando um só jato torrencial d'água. E isso eternamente. Com razão os Padres dos concílios da Igreja insistem em reafirmar que cada Pessoa divina é igualmente eterna, igualmente poderosa, igualmente imensa. Tudo na Trindade é simultâneo. Ninguém é maior ou superior, inferior ou menor, antes ou depois. Os divinos Três são coiguais desde toda a eternidade. Em razão desta igualdade fontal, as Pessoas divinas são concomitantes. Como elas se unificam e são um só Deus?

O que constitui a união entre as divinas Pessoas é a ininterrupta e infinita interpenetração do Pai, do Filho e do Espírito Santo. É o que já refletíamos anteriormente, a pericórese: o estar uma Pessoa na outra e o penetrar e ser penetrada cada Pessoa pelas outras duas. Esta união é específica das pessoas e dos seres espirituais. Somente as pessoas, sendo diferentes umas das outras, podem estabelecer relações de intimidade, de mútua entrega, de amor que funda uma comunhão e uma comunidade. Entre as divinas Pessoas a comunhão é absoluta e a relação infinita. Este conviver e coexistir constitui a unidade da assim chamada divina essência ou natureza ou substância. Se olharmos atentamente ela é constituída pelo amor. Com razão sentenciava São João: "Deus é amor" (1Jo 4,8.16). Santo Agostinho dizia com acerto que o amor eterno entre os divinos Três fundamenta a união trinitária. Com expressões cujo segredo só ele conhece, escrevia: "Cada uma das pessoas divinas está em cada uma das outras e todas em cada uma e cada uma em todas e todas estão em todas e todas são somente um Deus". Portanto, se a doutrina da Igreja diz que a natureza igual em cada uma das Pessoas divinas constitui a unidade em Deus, então devemos entender, consoante a revelação do Novo Testamento, esta natureza, como amor e infinita intercomunhão. A Trindade das Pessoas é um dado primordial da existência divina. Ela não é obra do Espírito absoluto se desdobrando para fora de si mesmo nem a diferenciação interna de uma natureza divina sempre igual. Deus é eternamente, sem começo e sem fim, Pai, Filho e Espírito Santo, reciprocidade dos divinos Três num único amor, irrupção infinita de uma mesma vida.

> *"Na Santíssima Trindade o que é que conserva aquela suprema e inefável unidade, senão o amor? O amor é a lei e esta lei é lei do Senhor. Este amor constitui a Trindade na unidade e de certa forma unifica as Pessoas no vínculo da Paz. Amor cria amor. Esta é a lei eterna e universal, lei que cria tudo e tudo governa"* (São Bernardo, *Livro do amor de Deus*, cap. 12, n. 35: PL 182, 996 B).

31. Na Trindade todas as relações são ternárias

Pai, Filho e Espírito Santo são coeternos e simultâneos. Como deixar claro que cada uma das Pessoas é diferente das outras e, ao mesmo tempo, relacionadas sempre entre si? A Teologia, à deriva do Novo Testamento, fala de processões divinas. Com isso se quer mostrar como uma Pessoa se relaciona sempre com a outra. Do Pai se diz que é fonte e causa de toda a divindade. Dele procedem o Filho e o Espírito Santo. Também se diz que o Pai "gera" o Filho. Pai e Filho "espiram" o Espírito Santo como de um só princípio. Estas expressões "causa", "geração", "espiração" e "processões" podem nos dar a impressão de que em Deus existe uma espécie de teogonia (gênese e geração de Deus). Podemos dizer com acerto que na Trindade vale o princípio de causalidade? Que existe uma "geração" e uma "espiração?" Não afirmamos sempre que as divinas Pessoas são originalmente simultâneas e que coexistem eternamente em comunhão e interpenetração? (pericórese). Na perspectiva da eternidade, o Pai não é anterior ao Filho e ao Espírito Santo. Eles irrompem sempre juntos e já entrelaçados no amor e na comunhão infinita.

Em razão desta concomitância das divinas Pessoas devemos entender as expressões usadas pela Igreja e reassumidas pela teologia, como "causa", "geração", "espiração" num sentido analógico e figurativo. Estamos diante de fórmulas altamente sugestivas. Elas mostram como os divinos Três são sempre respectivos, quer dizer, um diz respeito ao outro. Com efeito, não existe o Pai sem o Filho, nem o Filho sem o Pai. Não existe o Sopro (Espírito) que não acompanha a Palavra (Filho) proferida pela boca do Pai. Se usamos as expressões consagradas é sempre num sentido estritamente trinitário: vale somente para o mistério trinitário, onde tudo é eterno, concomitante e simultâneo. Mas concedemos que persiste o risco de uma compreensão antropomórfica (como se fosse um fenômeno humano, como a geração, etc.), inadequada ao mistério dos divinos Três.

Há uma outra possibilidade também derivada da Escritura: a de se falar das Pessoas divinas em termos de revelação e de reconhecimento. As Pessoas coeternas e coiguais se revelam reciprocamente e se reconhecem umas às outras e umas nas outras e pelas outras. Assim, o Pai se revela através do Filho no Espírito. O Filho revela o Pai na força do Espírito. O Espírito Santo "procede" do Pai e repousa sobre o Filho. Assim, o Espírito é do Pai pelo Filho (a *Patre Filioque*) como o Filho se reconhece no Pai pelo amor do Espírito (a *Patre Spirituque*). Em razão desta imbricação das três Pessoas entre si, devemos dizer que as relações entre elas são sempre ternárias: onde está uma Pessoa estão sempre as outras duas.

> *Quanta concórdia, quanta alegria e quanta justiça não haveria neste nosso mundo se assumíssemos, no pensar e no atuar, a lógica trinitária: sempre inclusiva, sempre envolvente, sempre comunitária, sempre acolhendo as diferenças e impedindo que elas se transformem em desigualdades!*

32. Três sóis, mas uma só luz: assim é a Santíssima Trindade

Muitos cristãos têm especial dificuldade em imaginar as três Pessoas divinas como sendo um só Deus. Como é possível que três seja igual a um? Devemos logo dizer, como o fizemos no começo, que quando falamos em três pessoas e um só Deus não estamos fazendo nenhuma matemática ou uma operação contábil. As Escrituras nunca contam nada em Deus. Elas só conhecem a expressão "único". O Pai é "único", o Filho é "único" e o Espírito Santo é "único". O único não é um número, o primeiro de uma série, mas exatamente a negação de todo número. O "único" não possui similares nem subsequentes. É só ele e ninguém mais. Por isso na Santíssima Trindade não vigora nenhuma adição.

Devemos partir disso: existem três Únicos: o Pai, o Filho e o Espírito Santo. Esta afirmação é importante: o fundamento de toda a realidade descansa sobre a coexistência de três Únicos e não sobre a solidão do Um, sempre idêntico consigo mesmo. Os três Únicos são irredutíveis uns aos outros. São distintos, mas não desiguais. Assim há o samba, o *rock*, a bossa-nova, o canto gregoriano que são diferentes gêneros de música, mas não são desiguais em dignidade e valor. A diferença não é sinônimo de desigualdade. Todos são expressões da música. Algo semelhante ocorre com os três Únicos. São distintos, o Pai não é o Filho nem o Espírito Santo, mas são igualmente eternos e igualmente Deus. Se são distintos é para poderem estar em comunhão e trocarem entre si a própria riqueza. Os três Únicos jamais estão justapostos, de costas um para o outro. Os divinos Três estão eternamente voltados uns para os outros. Mais ainda: moram um dentro do outro, comungam da vida e do amor de um e de outro de forma tão infinita e perfeita que constituem uma única comunidade. Por isso que dizemos, sem errar contra a lógica e a matemática: as três Pessoas divinas estão de tal modo relacionadas, se interpenetram amorosamente com tal radicalidade e totalidade, que constituem um só Deus.

Devemos nos referir às experiências humanas de amor e de intimidade com referência ao espírito, ao coração e às pessoas, para podermos entender esta unidade. Dois são os que se amam e na família são três (pai, mãe e prole). Mas sua atração é tão profunda que sentem formar uma só vida e uma só fusão de corações e de destino. Algo semelhante e infinitamente mais perfeito ocorre com os divinos Três: o amor, a comunhão entre si e a circulação da vida de cada um, entregue sempre e eternamente aos outros, são tão absolutos que constituem a unidade de Deus. Como dizia São João Damasceno: a Santíssima Trindade é como três sóis. Eles estão de tal forma um dentro do outro que dão origem a uma única luz. Assim, Deus sendo três Pessoas é eternamente um só Deus-amor.

> *Para vislumbrarmos um pouco o mistério da comunhão dos divinos Três, devemos descer fundo nas nossas próprias experiências. Importa escutar o chamado do amor que quer união, comunhão e fusão com a pessoa amada. No fundo, não queremos mais dizer "eu penso, eu quero, eu faço", mas "nós pensamos, nós queremos, nós fazemos", juntos e em comunhão. Se assim é conosco, pálida imagem da Trindade, quanto mais não é entre o Pai, o Filho e o Espírito Santo, três Pessoas e um só Deus-amor-e-vida, verdadeiro protótipo de tudo o que é e vive.*

VI
A comunhão da Trindade: crítica e inspiração para a sociedade e a Igreja

33. Para além do capitalismo e do socialismo real

A comunhão entre o Pai, o Filho e o Espírito Santo, constituindo um só Deus, é um mistério de inclusão. As três divinas Pessoas se abrem para fora e convidam as pessoas humanas e todo o universo a participarem de sua comunidade e de sua vida. Jesus o disse muito bem: "Que todos sejam um como tu, Pai, estás em mim e eu em ti, para que eles estejam em nós" (Jo 17,21). A presença da comunhão trinitária na história permite que se superem todas as barreiras que transformam as diferenças em desigualdades e discriminações; assim no mistério do Filho (segunda Pessoa da Trindade) não há judeus nem pagãos, nem homens e nem mulheres; todos são um (Gl 3,28). No nível econômico surge a comunhão em todos os bens (At 4,31-35) e no nível social "todos são um só coração e uma só alma" (At 4,32). Temos a ver aqui com realidades utópicas: caminhamos na direção destes ideais. Eles deslancham energias para atingirmos patamares cada vez maiores de participação e de comunhão e, ao mesmo tempo, relativizamos e criticamos cada conquista alcançada, conservando-a aberta para ulteriores aperfeiçoamentos.

Há um anseio humano fundamental: de participação, de igualdade, de respeito às diferenças e de comunhão com tudo e com Deus. A comunhão dos divinos Três propicia uma fonte de inspiração na realização destes ancestrais anelos de todas as pessoas e de todas as sociedades. Cada Pessoa divina participa totalmente das outras duas: na vida, no amor e na comunhão. Cada uma delas é igual em eternidade, em majestade e em dignidade; nenhuma é superior ou inferior à outra. Embora iguais na participação da vida e do amor, cada Pessoa é distinta da outra. O Pai é distinto do Filho e do Espírito Santo e assim sucessivamente com cada Pessoa. Mas esta distinção permite a comunhão e a mútua entrega. As Pessoas são distintas para poderem dar de sua riqueza às outras e assim formarem a comunhão eterna e a divina comunidade. A Santíssima Trindade é a melhor comunidade.

Como realizam este ideal nossos sistemas de convivência dominantes hoje, o capitalismo e o socialismo? O capitalismo se assenta sobre o indivíduo e seu desempenho pessoal sem ligação essencial com os outros e a sociedade. No capitalismo, os bens são apropriados privadamente com a exclusão das grandes maiorias. Valoriza-se a diferença, em prejuízo da comunhão. No socialismo se valoriza a participação de todos, por isso está estruturalmente mais próximo do desígnio de Deus que qualquer outro sistema; mas pouco se valorizam as diferenças pessoais. A sociedade tende a ser massa e menos uma rede de comunidades nas quais as pessoas contam. O mistério trinitário acena para formas sociais onde se valorizam todas as relações entre as pessoas e as instituições, de forma igualitária, fraterna e respeitadora das diferenças. Só assim superar-se-ão as opressões e triunfarão a vida e a liberdade.

Em todos os problemas radicalmente humanos e sociais trabalha um sonho infinito, se faz presente uma exigência última de vida para todos, justiça para todos, a começar pelos últimos, de inclusão de todos e de comunhão com tudo e com todos. Em outras palavras, há sempre uma questão teológica que tem a ver com o Supremo e o Decisivo de nossa história. É a emergência do mistério da Trindade no qual as três Pessoas, por causa do recíproco amor, convergem para ser um único Deus vivo e doador de vida.

34. De uma Igreja-sociedade rumo a uma Igreja-comunidade

A Igreja possui uma dimensão de mistério, captável somente pela fé. Ela é portadora da memória de Jesus Cristo, da força do Espírito e da tradição dos apóstolos. Cremos que nela a substância da encarnação se perpetua na história: Deus está, por Cristo e pelo Espírito Santo, definitivamente perto de cada um de nós e dentro da história humana. Este mistério ganha corpo na história, pois se organiza em grupos e comunidades. As comunidades, por sua vez, assumem os elementos de cada época, de sorte que a Igreja possui tantos rostos quantas encarnações ela conheceu ao longo de sua história. A concepção monárquica do poder foi a que mais profundamente marcou a Igreja e a maneira como ela organiza a distribuição do poder entre seus membros. Aqui predominou não uma reflexão sobre a Santíssima Trindade, mas o monoteísmo pré-trinitário ou a-trinitário. Continua-se ainda hoje a dizer: como há um só Deus, como há um só Cristo, deve existir na Terra um só representante oficial de Cristo que é o papa para toda a Igreja, o

CEB
CEB

bispo para a diocese, o pároco para a paróquia e o coordenador para a comunidade de base. Aqui se verifica uma imensa concentração de poder numa única figura. Ao relacionar-se com os outros assume fatalmente uma atitude paternalista e assistencialista. O portador de poder sente-se investido de grandes responsabilidades, pois deve representar Deus diante dos outros. Deve exercer este poder em benefício dos outros em ordem à sua salvação eterna. Ele fará tudo *para* o povo. E como somente ele é representante oficial de Deus, dificilmente fará *com* o povo ou a *partir* do povo. Desta forma deixa de reconhecer e de valorizar a inteligência do povo, sua experiência de fé, sua capacidade evangelizadora e seu caráter de representante também de Deus e de Cristo. Dentro desta prática monárquica, facilmente surge o autoritarismo de um lado e a subserviência do outro. De uma Igreja-comunhão de fiéis, todos iguais e corresponsáveis, se passa a uma Igreja-sociedade com distribuição desigual de funções e tarefas.

Se, entretanto, partimos de que a Santíssima Trindade é a melhor comunidade, de que a comunhão dos divinos Três faz com que eles sejam um só Deus, então veremos que nasce outro tipo de Igreja. Ela é fundamentalmente comunidade. Cada um possui suas características próprias e seus dons, mas todos vivem em função do bem de todos. Surge uma comunidade com diversidades que são respeitadas e valorizadas como expressão da riqueza da comunhão da própria Trindade. Cada um, na medida em que cria comunhão e se insere na comunhão, é representante da Santíssima Trindade. Na Trindade o que faz a união dos divinos Três é a comunhão entre eles e a completa entrega de uma Pessoa às outras. Da mesma forma deve ocorrer na Igreja: superando a centralização do poder e distribuindo-o entre todos é que surge a unidade dinâmica, reflexo da união trinitária.

> *Quando a Igreja esquece a fonte da qual nasceu – a comunhão das três divinas Pessoas – deixa que sua unidade se transforme em uniformidade; que um grupo de fiéis assuma sozinho todas as responsabilidades, dificultando a participação dos demais; deixa que os interesses confessionais predominem sobre os interesses do Reino; enfim, o rio de águas cristalinas corre o risco de se transformar num charco de águas paradas. Importa converter-se à Trindade para recuperar a diversidade e a comunhão, que cria a unidade dinâmica e sempre aberta a novos enriquecimentos.*

VII
A Pessoa do Pai: mistério de ternura

35. Quem é o Pai? Mistério de ternura

Jesus disse: "Ninguém conhece o Pai senão o Filho e a quem o Filho o quiser revelar" (Mt 11,27). O Pai é um mistério insondável. O Pai é invisível. Ele se torna visível mediante seu Filho (Jo 1,18; 14,9). Dependemos, portanto, de Jesus, o Filho unigênito, para vislumbrarmos algum traço do rosto do Pai. Em primeiro lugar, Jesus deixa claro que o Pai é um mistério de ternura. Chama-o de *Abba* que quer dizer: "Meu paizinho querido". Jesus entretém tanta intimidade com Ele que diz: "Tudo o que é meu é também teu" (Jo 17,10) e ainda: "Eu e o Pai somos uma coisa só" (Jo 10,30). Consequentemente, "quem vê a mim, vê o Pai" (Jo 14,9).

Em segundo lugar, o Filho mostra como age o Pai, construindo o Reino, dando vida, sendo misericordioso e mostrando sua Providência. A grande causa do Pai é o estabelecimento do Reino. Isto significa: a morte não vai reinar mais, as divisões não vão prevalecer, vai imperar a justiça e a fraternidade universal. Jesus quis reforçar, por sua prática, a implementação desta causa do Pai: "O Filho só faz o que vê o Pai fazer" (Jo 5,19). No Reino há a vitória definitiva da vida. Ele é um Deus da vida que toma sempre partido por aqueles que precisam de vida. Tanto o Pai quanto Jesus se empenham em gerar vida e vida em abundância (Jo 10,10). Por isso, bem diz Jesus: "O Pai ressuscita os mortos e lhes dá vida, assim também o Filho dá vida aos que quiser" (Jo 5,21). Para aqueles que perderam a vida pelo pecado, o Pai se mostra misericordioso, como é bem expresso na parábola do filho pródigo (Lc 15,11-32). Ele continua sempre a amar os ingratos e maus (Lc 5,36) porque sua natureza é amor e, quando não vê seu amor correspondido, oferece a misericórdia. Além disso, é um Pai cheio de Providência. Cuida dos cabelos de cada cabeça humana, faz crescer os lírios com todo o seu esplendor e zela pelos passarinhos dos ares (Mt 6,26).

Por fim, o Pai se mostra como é em relação ao Filho Jesus. Amou-nos tanto que nos entregou seu próprio Filho. O Filho revelou-se como o maior incentivador do Reino, empenhou-se pela vida dos mais fracos, curando, consolando e ressuscitando mortos; exerceu a misericórdia plenamente, para com a pecadora pública e para com todos que pediam perdão de seus pecados. A ternura de Jesus para com todos os que o procuravam espelhava a ternura do Pai. Por isso podia dizer: "Todo aquele que o Pai me der, virá a mim; e quem vem a mim, eu não o mandarei embora" (Jo 6,37). Não mandou embora as crianças, nem Nicodemos que o procurou de noite, nem os fariseus que o convidaram para comer, nem a mulher samaritana, nem os que lhe suplicavam auxílio gritando de longe. A todos acolheu, imitando o Pai celeste que a todos assume como a seus filhos e filhas.

O sentimento mais terrível e insuportável é a rejeição e o saber que não se é acolhido. É sentir-se um estranho no ninho, é vivenciar a morte psicológica. Quando dizemos Pai queremos expressar esta convicção: há alguém que me acolhe definitivamente; pouco importa minha situação moral, sempre posso confiar que há um regaço para me acolher. Aí não serei um estranho, mas um filho mesmo pródigo na casa paterna.

36. O Pai, a raiz eterna de toda a fraternidade

O Pai é aquele que eternamente é, antes mesmo que houvesse qualquer criatura. Se, por hipótese, pudéssemos imaginar que não houvesse criação e não existisse nenhum ser criado, ainda assim o Pai seria Pai. O Pai é Pai não fundamentalmente porque é Criador. Poderia haver um Criador que fosse um Deus uno e único, uma única Pessoa infinita, sem ser Pai. O Pai é Pai porque é Pai do Filho unigênito, porque desde toda a eternidade está em comunhão com o Filho no Espírito Santo, porque está "gerando" na força do Espírito o Filho eterno. Numa perspectiva trinitária, a paternidade é própria do Pai. Ao gerar o Filho, o Pai projeta para fora de si a todos os imitáveis seus e do Filho. No Filho gerado são ideados todos os demais filhos e filhas criados à imagem e semelhança do Pai, do Filho e do Espírito Santo. Existe, portanto, uma dimensão eterna e filial da criação. O Pai, com o amor que gera o Filho, dá origem nele a todos os demais seres no Filho, pelo Filho, com o Filho e para o Filho (Jo 1,3; Cl 1,15-17). Todos os seres participam da filiação do Filho unigênito bem como da espiração do Espírito Santo.

Porque todos nós existimos no Filho (cf. Rm 8,29), somos todos irmãos e irmãs. Cristo, Filho eterno, é "o primogênito entre muitos irmãos" e irmãs (Rm 8,29). Portanto, Deus é Pai e nós somos irmãos e irmãs não primeiramente porque Deus é Criador e nos criou, mas porque é Pai do Filho unigênito (Rm 15,6; 1Cor 1,3; 2Cor 11,31; Ef 3,14). E nós fomos projetados no Filho eterno pelo Pai no mesmo movimento de amor com que o Pai "gerou" o Filho em união com o Espírito Santo. Desta forma nós não somos meras criaturas exteriores ao mistério trinitário. A nossa raiz de fraternidade se radica no próprio mistério da fecundidade do Pai. Para marcar a diferença entre o Filho eterno e seus irmãos e irmãs, a teologia usa as expressões: Filho unigênito e filhos e filhas adotivos. O Filho não é criado, mas gerado da mesma substância de amor e de comunhão do Pai junto com o Espírito. Nós, irmãos e irmãs do Filho unigênito, somos criados do nada à imagem e semelhança do Filho pelo Pai, junto com o Espírito. De todas as formas o Pai do Filho é nosso Pai. Com razão Jesus nos ensinou a chamá-lo de "Pai nosso que estais no céu". O Pai nunca está sem o Filho. E o Filho jamais está sem os demais filhos e filhas adotivos do Pai, portanto, jamais está sem os irmãos e as irmãs. Esta visão impede todo o autoritarismo e paternalismo, baseados só na figura de Deus criador, Pai do universo. Este Pai gerou primeiramente o Filho e nele todos nós. Daí se deriva que a comunidade de iguais, irmãos e irmãs, é a verdadeira representante da Trindade. E se autoridade existe, então é para reforçar a comunidade, a serviço nela, no meio dela e sempre com ela.

> *É fascinante saber que existíamos antes de existir. Que estávamos na mente do Pai. Que eternamente fomos amados. Que também sobre cada um de nós o Pai disse o que disse, diz e para sempre dirá a seu Filho unigênito: "Tu és meu filho e minha filha muito amados. Em vós coloquei todo o meu carinho".*

37. O Pai maternal e a Mãe paternal

Quando a fé cristã professa que Deus é Pai do Filho eterno junto com o Espírito Santo, quer expressar que nele experimentamos o mistério absoluto do qual tudo vem e para o qual tudo vai. Ele é a fonte de toda fecundidade.

Ora, esta ideia pode ser expressa tanto pelo termo Pai quanto pelo termo Mãe. As palavras são diferentes, mas o conceito (aquilo que é pensado) é o mesmo. Dizendo Pai e Mãe eternos queremos também expressar que o feminino e o masculino, que são imagem e semelhança de Deus consoante o Gênesis (1,27), encontram na Santíssima Trindade sua última raiz e justificação. Talvez haja cristãos pouco habituados a este tipo de terminologia, pois somos herdeiros do predomínio do masculino e de uma linguagem sexista de Deus. Na verdade, se olharmos a Bíblia notaremos que Deus vem apresentado também sob os traços próprios da mãe. Já o bom Papa João Paulo I dizia com acerto: "Deus é Pai, mas é ainda mais Mãe". O Concílio de Toledo do ano de 675 ensina que "devemos crer que o Filho não procede nem do nada nem de outra substância, mas que foi gerado e nascido *do útero do Pai*, isto é, de sua substância". Aqui se faz uma referência ao útero. Ora, é a mulher e a mãe que possui útero. Deus é Pai maternal ou Deus é Mãe paternal. Em outras palavras: a fecundidade de Deus é melhor expressa pelas duas fontes humanas de fecundidade que é o pai terreno e a mãe terrena. Ambos expressam dignamente o que é Deus em seu mistério que dá origem a tudo, Deus que subjaz a todo o processo de geração e emergência do novo ser.

O Profeta Isaías no Antigo Testamento apresentava Deus sob a figura da mãe dizendo: "Pode uma mulher esquecer seu bebê, deixar de querer bem ao filho de suas entranhas?" (Is 49,15). Assim, com mais razão Deus. A atitude primordial da mãe é de consolar e enxugar as lágrimas dos filhos e filhas. Assim, o mesmo profeta diz: "Como uma mãe consola o filho, assim eu vos consolarei" (Is 66,13).

Uma das características básicas de Deus é ser misericordioso. Na mentalidade hebraica, misericordioso significa "ter entranhas maternas". O pai do filho pródigo revela traços maternos: corre ao encontro do filho, abraça-o e cobre-o de beijos. Assim, podemos dizer: Deus é somente Pai eterno se mostrar também características maternas. Somente é Mãe de eterna ternura se revelar também dimensões paternas. No Pai e na Mãe eterna nos sentimos plenamente aconchegados, no Reino da confiança dos filhos e das filhas, livres e felizes, membros da família divina.

> *É sumamente reconfortante descobrir que o Pai só é plenamente Pai quando também se mostra como Mãe. Como o pai do filho pródigo, Ele nos espera, espreitando a curva do caminho, para correr ao nosso encontro, nos abraçar e nos cobrir de beijos. Mas para tudo isso importa ter saudades da casa paterna e materna e se decidir a voltar.*

38. O Pai, o princípio sem princípio

A revelação que o Filho encarnado nos fez do Pai eterno nos permite entrever alguma coisa de sua realidade imanente. Nós somente conhecemos o Pai mediante a revelação do Filho (Mt 11,27), porquanto o Pai representa, por excelência, o mistério abissal. Cada uma das Pessoas é mistério. Mas no Pai o mistério emerge como mistério. Fique assentado que o mistério divino é sempre um mistério de comunhão, de vida e de amor. Não é uma realidade que nos aterra, mas que nos fascina e que nos convida à participação de sua felicidade. A fé diz que o Pai é o princípio sem princípio. Como as demais Pessoas é uma fonte que jorra vida desde toda a eternidade. Ele comunica esta vida em plenitude. Por isso cremos que o Pai "gera" o Filho no Espírito Santo. Como já refletimos anteriormente, o termo "gerar" não significa um desdobramento do Pai; é a forma como o Pai se revela no Filho eterno e nele mostra sua fecundidade. O Pai também está junto com o Espírito Santo, "espirando-o" na união com o Filho unigênito. Esta "espiração" não significa que o Pai cause junto com o Filho a terceira Pessoa, o Espírito Santo. O Espírito Santo une Pai e Filho no amor que interpenetra as três divinas Pessoas. Porque os divinos Três estão sempre juntos, rezamos igualmente aos Três a mesma oração: "Glória ao Pai, glória ao Filho, glória ao Espírito Santo".

Todo o mistério trinitário é impenetrável à razão humana. Não somente agora que estamos aqui na terra. Mas também na eternidade e para todo o sempre. Entretanto, este mistério está sempre aberto à compreensão e à comunhão. Por isso ele é Pai, na medida em que é sem raiz e raiz de tudo o mais; mas também é Filho, na medida em que se revela e se mostra para fora como verdade. É também Espírito Santo na medida em que unifica tudo e se entrega como amor. Quando falamos no Pai, nos referimos ao último horizonte de tudo, àquele que tudo contém e tudo ilumina. A partir dele é possível acolher a Pessoa do Filho e do Espírito Santo. Eles estão sempre juntos e são simultâneos. Mas, para podermos entender, sob frágeis sinais e leves acenos, alguma coisa da Santíssima Trindade, devemos sempre começar pelo Pai. Ele é o primeiro entre os simultâneos quando queremos estabelecer certa ordem entre as Pessoas trinitárias. Em primeiro lugar o Pai, em segundo o Filho e em terceiro o Espírito Santo. Esta linguagem é nossa como expressão da fé. Mas devemos saber que, na realidade, ninguém é anterior ou superior, mas que os Três são coiguais, coeternos e coamorosos. Mas é na Pessoa do Pai que este mistério igual em cada Pessoa se mostra singularmente.

> *O olho pode ver tudo, mas não pode ver a si mesmo. Cada rio remete à fonte, mas a fonte não remete a nada. Ela jorra por si mesma. Parecido a isso é o mistério do Pai. Ele é a origem escondida que tudo permite e da qual tudo principia. Ele está sempre presente, embora invisível, presente para produzir vida e defender a quem é ameaçado em sua vida.*

39. Como aparece o Pai: no mistério de todas as coisas

A Santíssima Trindade está presente toda inteira na criação. Cada Pessoa divina aparece em sua distinção e propriedade específica. Como o Pai aparece como Pai em nosso mundo? Já consideramos que no Pai entrevemos o caráter de mistério abissal de toda a Santíssima Trindade. O Pai representa o primeiro e o último, a origem e o fim. O Pai significa a fecundidade, a geração e a origem derradeira de tudo o que possa existir. Ele é, fundamentalmente, o princípio jamais principiado, junto com os simultâneos: o Filho e o Espírito Santo. Dizer que o Pai é a origem e o princípio de tudo é dizer algo incompreensível para nós. Nosso conhecimento é sempre daquilo que já principiou e que já foi originado. Por isso nós chegamos sempre depois; jamais podemos presenciar a origem de nós mesmos. Nós vivemos à mercê de um mistério. Então, tudo o que tem a ver com a origem, como o surgimento de uma nova vida e a emergência de qualquer novo ser, tem a ver com o Pai, fonte e origem de tudo. Tudo que nos desafia e se apresenta como um mistério nos significa um sinal do Pai na criação.

É um mistério a existência do universo; não precisaria existir e contudo existe. É um mistério a vida humana personalizada, a trajetória individual de cada existência, o que se passa nas profundezas do coração humano, o sentido último de tudo que existe. Todas estas indagações que vêm envoltas na penumbra do mistério remetem ao mistério do Pai. O Pai está presente em tais experiências. Está presente em nosso próprio mistério, pois andamos sempre em busca de um último porto feliz ou de um derradeiro abrigo. É uma incansável interrogação: donde viemos, que fazemos aqui na Terra, para onde rumamos? Intuímos mais do que sabemos, pois permanecemos no mistério indecifrável. É o Pai que nos habita, quando suscitamos semelhantes indagações.

Outras vezes estamos mergulhados em crises radicais; sentimo-nos perdidos. Outras vezes é todo um povo prostrado, pois foi vencido e viu destruída sua identidade. Tem de recomeçar tudo de novo e refazer os caminhos. Numa situação assim de crise, Jesus clamou por Deus, chamando-o de "meu querido Paizinho" (Mt 26,39.42); o povo de Israel ao se libertar da escravidão do Egito descobriu a Deus como Pai (Is 63,16). Fez a experiência do Deus que escuta o grito de seus filhos oprimidos. Revelou-se como o *goel*, quer dizer, o Deus-Pai, vingador dos injustamente oprimidos.

Particularmente os pobres e humilhados sentem a Deus como Pai e padrinho, pois ninguém a não ser Deus é por eles. O próprio Jesus, Filho do Pai, fez destes últimos os primeiros destinatários de sua mensagem libertadora. É que em sua intimidade com o Pai descobriu a dimensão libertadora do mistério do Pai. Fez o que o Pai sempre fez, faz e fará na história: toma partido dos vencidos injustamente para tomá-los sob sua guarda e proteção. O Pai, portanto, se faz presente naqueles cujo caráter filial é mais negado. Aparece em todos aqueles que se propõem e lutam por um mundo mais fraterno (todos filhos e todos irmãos).

> *Tudo não vem carregado de mistério? O céu estrelado, o poste de luz, o sorriso da criança, o gesto que ajuda o desvalido, a mão que se abre para dar. É o mistério do Pai que emerge e nos deixa sinais...*

VIII
A Pessoa do Filho: mistério de comunicação e princípio de libertação

40. Quem é o Filho? A comunicação eterna

Ao lado do Pai e em eterna comunhão com Ele está o Filho. Ele é a total expressão do Pai. O Pai se reconhece no Filho, em sua eternidade e em seu mistério de ternura. O Filho mostra a distinção em Deus e, ao mesmo tempo, a comunhão. Por isso Pai e Filho estão sempre juntos, se conhecendo, reconhecendo e se entregando mutuamente. Para levar a criação à plenitude, passando pela redenção, o Filho se encarnou. Por sua encarnação nos foi revelado o mistério de comunhão que é o Deus trino. Já o temos considerado: no meio das pessoas, agindo de forma libertadora, o Filho nos revela o Pai; o dinamismo transformador que dele irradiava significava a presença do Espírito Santo. Como Jesus de Nazaré, aquele homem pobre e solidário com todos os sofredores, nos revelou a segunda Pessoa da Santíssima Trindade, o Filho? Se tomarmos os evangelhos assim, como estão escritos, não é difícil de perceber: o Filho está aí com toda a sua presença densa, como revelador dos segredos do Pai, como mediador da plena libertação para todos, a começar pelos pobres, na força do Espírito que o habita. Entretanto, os atuais textos do Novo Testamento recolhem, além das palavras e das práticas de Jesus, também as reflexões feitas sobre o acontecimento-Jesus pelas primeiras comunidades cristãs. Atualmente, não é fácil distinguir o que vem do Jesus histórico e o que procede dos seus seguidores. O importante reside no fato de que tanto Jesus quanto as reflexões dos primeiros cristãos testemunham claramente que estamos diante do Filho de Deus. Este Filho de Deus armou sua tenda em nossa miséria.

Em primeiro lugar, Jesus se mostra Filho de Deus na oração. Ele sempre invoca a Deus como *Abba*, Paizinho querido. Quem chama a Deus de Pai se sente seu Filho. Ensinou-nos a chamá-lo também de Pai e a entendermo-nos como filhos e filhas e, por isso, como irmãos e irmãs. Em segundo lugar, Jesus se comporta como Filho do Pai. Assume a representação do Pai: assim como o Pai trabalha até agora, ele também trabalha (Jo 5,17). Assim como o Pai é misericordioso, ele também é misericordioso; perdoa pecados, e convivendo com os pecadores lhes confere a certeza do perdão do Pai. Em terceiro lugar, obedece ao plano do Pai, que é a instauração do Reino, até a morte, mesmo quando se vê tentado; resiste com fidelidade face a todas as perseguições; e mesmo no alto da cruz, no máximo abandono, se entrega confiado ao Pai.

No entusiasmo que provoca no povo, na coragem de superar as tradições obsoletas, na vida que suscita por onde passa, deixa entrever que o Espírito o habita e que assim também o revela ao mundo. Jesus é assim o Filho do Pai no Espírito e também o nosso irmão maior e melhor.

> *A lógica das mãos é mais convincente que a lógica das palavras. Para se revelar como Filho do Pai eterno Jesus privilegiou a prática à gramática. Fez gestos libertadores, perdoou pecados e ressuscitou mortos. Mais do que dizer: Eu sou o Filho de Deus, Jesus se comportou como o Filho de Deus.*

41. O Filho eterno do Pai eterno no Espírito Santo

Quem é o filho eterno nele mesmo? A fé nos diz que é o Unigênito do Pai, da mesma substância do Pai. Não é criado, mas "gerado sem início e sem princípio", "subsiste no Pai desde toda a eternidade e para toda a eternidade". Permanece para nós na penumbra do mistério a maneira pela qual o Pai "gera" o Filho sem com isso ser anterior a Ele, pois Pai e Filho são coiguais e igualmente eternos. O que podemos dizer com certeza é que Pai e Filho vivem na mesma natureza-comunhão. São distintos para poderem se entregar mutuamente e viverem uma união eterna. São João diz que o Filho é a Palavra. Ele expressa toda a realidade do Pai. Paulo afirma que Ele é "a imagem do Deus (Pai) invisível" (Cl 1,15). Toda a misteriosidade divina se comunica e se extrojeta no Filho. Ele é a Inteligência do mistério compartido pelas três divinas Pessoas. Por isso o Filho é por excelência a revelação e a comunicação divina, tanto dentro da Trindade quanto dentro da criação. Tudo o que o Pai tem, dá ao Filho. Menos apenas o fato de o Pai ser Pai. O Filho receberá também do Pai a capacidade de espirar o Espírito Santo. Pai e Filho juntos permitem a emersão do Espírito Santo. Quando usamos estas expressões "geração", "espiração", "dar origem", "permite a emersão", devemos confessar imediatamente nossa insuficiência; não são palavras adequadas, pois dão a impressão de sucessão e de causalidade, quando tudo se passa na dimensão da eternidade, onde não há começo nem fim. Por isso, importa acentuarmos a simultaneidade dos divinos Três: Eles coexistem e estão em comunhão entre si eternamente. Neles subsiste sempre a pericórese, vale dizer, a interpenetração de vida, de doação e de amor. Então diríamos: o Filho, ao ser "gerado" pelo Pai, recebe simultaneamente o Espírito Santo que pousa sobre Ele e se une sempre a Ele. Em razão disso, Filho e Espírito Santo vêm juntos para a criação, a fim de levá-la à plenitude e libertá-la integralmente. Junto com o Espírito Santo, o Pai se relaciona e se revela ao Filho. O Filho junto com o Espírito Santo descobrem a inascibilidade do Pai e no-la revelam a nós.

O Filho está encarnado dentro de nossa história. Com isso confere um caráter de filho e de filha a todas as criaturas, principalmente as humanas. De certa forma, agora que o Filho ressuscitado está de volta dentro da Trindade, algo de nossa natureza é eternizado e definitivamente feito participante da vida de comunhão e de amor eternos. Se Ele é Filho do Pai unido ao Espírito, nós somos filhos e filhas no Filho e todos irmãos e irmãs na força do mesmo Espírito.

> *Por mais sinistra que possa parecer a trajetória humana, algo dela, porém, é absolutamente preservado e radicalmente realizado: a santa humanidade de Jesus, assumida pelo Filho eterno e introduzida definitivamente no seio da Trindade. Algo nosso, de nosso coração, de nosso desejo infinito, por Jesus está para sempre salvo.*

42. O masculino e o feminino do Filho e nosso Irmão

O Gênesis nos revela que somos imagens e semelhanças de Deus enquanto somos varões e mulheres (Gn 1,27). Isto implica reconhecer que as raízes últimas de nossa realidade pessoal, seja masculina, seja feminina, se encontram no mistério do próprio Deus. As divinas Pessoas não são sexuadas. Elas estão para além destas determinações criadas.

Mas os valores e dimensões que se comunicam pelo masculino e feminino são também valores divinos. Em razão desta consideração, podemos considerar a dimensão feminina e masculina de cada uma das Pessoas divinas. Em Jesus encontramos a integração perfeita do feminino e do masculino. Primeiramente do masculino, pois Jesus não foi mulher, mas homem. Mas, como todo varão, ele incluía dentro de sua realidade também a dimensão feminina que ele bem expressou. Todo dinamismo de Jesus, sua capacidade de decisão em favor dos pobres, primeiros destinatários de sua mensagem, sua coragem em enfrentar as oposições e a própria morte, revelam a dimensão masculina dele, presente também na mulher, mas de forma distinta. O feminino expressa a dimensão de ternura da existência humana, masculina e feminina, o cuidado, a misericórdia, a sensibilidade ao mistério da vida, particularmente para com os que menos vida têm, a interioridade na oração. Os relatos evangélicos nos apresentam a Jesus como alguém que havia integrado a "anima" (dimensão feminina) dentro do seu "animus" (dimensão masculina). Primeiramente elabora uma relação profundamente humana e terna para com as mulheres que passam pelo seu caminho, várias das quais são suas discípulas (Lc 10,38-42). Sempre toma a defesa da mulher desamparada como a adúltera, a mulher sírio-fenícia que suplica ajuda, a samaritana, a mulher corcunda e a que sofria de hemorragia.

Com atitudes bem femininas se verga sobre os pobres que encontra pelos caminhos; enche-se de compaixão (comovia-se em suas entranhas) face ao povo abandonado (Mc 6,34), não esconde as lágrimas quando sabe do amigo Lázaro que morrera (Jo 11,35). De forma muito feminina diz que quis juntar os filhos de Jerusalém como uma galinha reúne os pintinhos sob suas asas e eles não quiseram (Lc 13,34).

Esta dimensão feminina de Jesus pertence à sua humanidade. Esta humanidade foi assumida hipostaticamente pelo Filho eterno. Isto significa que algo do feminino é divinizado para sempre. A mulher é chamada também a participar da vida de eterna comunhão e encontrar em cada Pessoa da Santíssima Trindade um protótipo para as suas buscas de perfeição e de crescimento.

Todo ser humano possui dentro de si a dimensão feminina e masculina, possui ternura e vigor. Desafio da vida é integrar as duas dimensões de tal forma que sejamos plenamente humanos, e assim reflexos de Deus. Jesus assumiu e integrou seu masculino e feminino. O Filho eterno encarnado nele santificou e divinizou para sempre estas duas dimensões.

43. A missão do Filho: libertar e tornar a todos Filhos e Filhas

O Filho foi enviado ao mundo pelo Pai junto com o Espírito Santo. Ele ilumina não apenas a todas as pessoas que vêm a este mundo (Jo 1,9). Ele nos visitou em nossa própria carne, fazendo-se irmão nosso em nossa situação de pobreza e de opressão. Qual é o sentido último da vinda e da missão do Filho entre nós? Qual é a intenção do Eterno? Há duas correntes que historicamente disputam a melhor interpretação. A primeira parte do Credo que diz: “Por causa de nossa salvação (o Filho) desceu do céu e foi concebido pelo Espírito Santo”. Nesta visão a encarnação se deveu ao pecado da humanidade que nos separava de Deus. O pecado ocupa aqui a centralidade. Em função da redenção deste pecado, o Pai nos enviou seu próprio Filho. Perguntamo-nos: é digno de Deus deixar que o pecado ocupe um lugar tão central? O centro de tudo não é Deus e sua glória? Em razão destas questões, a segunda corrente parte de outra compreensão baseada no prólogo de São João, nas epístolas aos Efésios e Colossenses e em algumas afirmações da epístola aos Hebreus. Aí se afirma que "todas as coisas foram feitas pelo Verbo e sem Ele nada existe do que existe" (Jo 1,3). São Paulo diz que o plano de Deus é "unir sob uma só cabeça todas as coisas em Cristo" (Ef 1,10). Em razão disso podia também dizer que "tudo foi criado por Ele e para Ele; Ele é antes de tudo e tudo subsiste nele" (Cl 1,16; Hb 2,7-8). Em outras palavras: a encarnação não é uma solução de emergência para reconduzir a criação à sua direção primitiva da qual se havia desviado. A encarnação do Filho pertence ao mistério da criação. Sem a vinda do Filho, tudo ficaria sem cabeça, portanto, sem um último sentido e sem uma derradeira coroação.

Parece-nos que esta segunda corrente interpreta melhor os mistérios divinos em consonância com a própria glorificação divina. O Filho verbifica, quer dizer, faz participar de sua natureza de Verbo a todo o universo, torna a todos os seres da criação, também os infra-humanos, filhos e filhas. Por causa do pecado dos homens que contaminou também as relações para com a natureza, a encarnação se deu na forma da humilhação e não da glória; mas esta modalidade não muda a essência do plano da Santíssima Trindade: de incluir em sua comunhão o universo inteiro.

Esta visão se enquadra melhor numa compreensão realmente divina da criação. Como já o consideramos: ao projetar-se no Filho e nele se revelar, o Pai projeta e revela também todos os imitáveis possíveis de si mesmo e de seu Filho, que poderiam um dia ser criados. Neste sentido já dentro da Santíssima Trindade está a criação como projeto. Está a santa humanidade de Jesus, com a capacidade de acolher a plena comunicação do Filho quando for enviado e entrar dentro de nossa história. E Ele veio. Com esse acontecimento começa o nosso fim bem-aventurado: estamos já dentro da Santíssima Trindade!

> *Tudo guarda as marcas do Filho porque tudo foi feito nele, com Ele e para Ele. O caco na estrada, a estrela no céu, a partícula atômica, são filiais porque estão no Filho. Eles também são nossos irmãos e irmãs. É a razão por que os respeitamos e amamos como a nós mesmos.*

IX
A Pessoa do Espírito Santo: mistério de amor e irrupção do novo

44. Quem é o Espírito Santo? O motor da libertação integral

O Espírito Santo é aquele que supera a relação Eu-Tu (Pai-Filho) e introduz o Nós. Por isso o Espírito Santo é por excelência a união entre as Pessoas divinas; é a Pessoa que revela para nós mais claramente a inter-relação eterna e essencial entre os divinos Três. Na história, o Espírito se mostra como uma força vulcânica, como um vendaval que toma as pessoas e as leva a fazer obras grandiosas. Assim ocorre com os líderes carismáticos como os Juízes, com os profetas, com o servo sofredor que luta pelo restabelecimento do direito e da justiça, com os reis, investidos de poder para proteger o povo, com o Messias, portador de todos os dons do Espírito. Cabe ressaltar algumas características do Espírito.

Ele é a força do novo e da renovação de todas as coisas: cria ordem na criação, faz surgir o novo Adão no seio de Maria, impulsiona Jesus para a evangelização, ressuscita o crucificado dos mortos, antecipa a humanidade nova na Igreja e nos traz, no final, o novo céu e a nova terra.

O Espírito é o atualizador da memória de Jesus, o Libertador. Nunca deixa que as palavras de Jesus permaneçam mortas, mas que sempre sejam relidas, ganhem novas significações e implementem novas práticas.

O Espírito é o princípio libertador das opressões de nossa situação de pecado, chamada pela Bíblia de carne. Carne expressa o projeto da pessoa voltada sobre si mesma, esquecida dos outros e de Deus. Espírito sempre é gerador de liberdade (cf. 1Cor 3,17), de entrega aos demais e de amor. O Espírito é o pai dos pobres, incutindo-lhes esperança para sacudir as opressões que suportam, fazendo-os sonhar sempre com um mundo reconciliado e justo e lutar para realizá-lo. Por fim o Espírito *é* a força criadora de diferenças e de comunhão entre as diferenças. É Ele que suscita entre as pessoas os mais diversos dons e nas comunidades os mais diferentes serviços e ministérios, como se ensina nas epístolas aos romanos (12) e aos coríntios (12). Mas esta diversidade não decai em desigualdades e discriminações. Todos bebemos do mesmo Espírito (1Cor 12,13). Os dons não são dados para a autopromoção, mas para o bem da comunidade (1Cor 12,7).

O Espírito foi derramado sobre todos. Ele habita os corações das pessoas, dando-lhes entusiasmo, coragem e determinação. Ele consola os aflitos, mantém viva a utopia nas mentes humanas e no imaginário social, utopia de uma humanidade totalmente redimida, e dá força para antecipá-la, mesmo por revoluções dentro da história. Ele é uma Pessoa divina junto com o Filho e o Pai, emergindo simultaneamente com Eles e estando essencialmente unidos a Eles pelo amor, pela comunhão e pela mesma vida divina.

Biblicamente, o Espírito é como um tufão e um vendaval. É uma força transformadora como o amor que é mais forte do que a morte. O Espírito não é, como para a nossa cultura, algo etéreo e indefinível. Que dinamismo não deve conter a espiritualidade se aceitarmos o Espírito como energia vital e sempre inovadora?!

45. O Espírito está sempre junto do Filho e do Pai

Como se relaciona o Espírito Santo, terceira Pessoa divina, com o Pai e o Filho? O Novo Testamento oferece dois dados: por um lado diz que Jesus enviá-lo-á da parte do Pai (Jo 15,26), por outro diz que o Espírito procede do Pai (Jo 15,26). Como se deverá entender a ligação do Espírito com o Pai e o Filho? Esta questão dividiu a Igreja a ponto de em 1054 se produzir uma divisão que perdura até os dias de hoje, a Igreja romano-católica e a Igreja ortodoxo-católica. Por detrás das diferentes interpretações há visões distintas de Deus, da Igreja e da sociedade. Os gregos, como já consideramos, partem do Pai como fonte e causa suprema de toda a divindade. O Pai pronuncia sua Palavra (Filho) e junto com ela sai simultaneamente o sopro (Espírito Santo). Embora a fonte seja a mesma (o Pai), Palavra e Sopro são distintos. Há também duas maneiras distintas de ambos procederem do Pai, o que faz com que o Pai não tenha dois filhos, mas um Filho Unigênito e um só Espírito.

Os latinos partem da natureza divina única e a mesma em cada uma das Pessoas. O Pai ao gerar o Filho lhe entrega tudo (cf. Jo 16,15), também a capacidade de conjuntamente espirar o Espírito Santo. Pela comunhão Pai e Filho são uma coisa só (cf. Jo 10,30) e um só princípio de espiração do Espírito Santo. Caso contrário o Pai teria dois filhos ou haveria duas causas para o Espírito Santo. Por isso os latinos dizem que o Espírito procede do Pai e do Filho (*Filioque*), como de um só princípio.

Esta compreensão dos latinos é rejeitada pelos gregos porque segundo eles se sacrifica a qualidade específica do Pai: a de ser a causa única e a fonte de toda a divindade. O Filho também participaria desta qualidade exclusiva (ele ficaria uma espécie de segundo Pai) e assim ela deixaria de ser exclusiva. A intenção de ambas as correntes é a mesma: garantir a plena divindade e igualdade das Pessoas do Filho e do Espírito Santo. Os gregos conseguem esta compreensão fazendo proceder o Filho e o Espírito Santo da mesma e única fonte que é o Pai. Os latinos intencionam o mesmo, mas por outro caminho, ao insistir no fato de que as três divinas Pessoas são consubstanciais, quer dizer, de terem juntas a mesma natureza. O Espírito Santo possui a mesma natureza que o Filho recebeu do Pai. Como o Filho a recebeu do Pai, Ele também a entrega junto com o Pai ao Espírito Santo. Por isso, dizem os latinos, o Espírito Santo procede do Pai e do Filho.

O que importa, definitivamente, é afirmarmos que o Espírito é Deus como o Pai e o Filho. Como no Credo rezamos que "é igualmente adorado e glorificado e que falou pelos profetas".

Pai e Filho, em seu frente a frente, permitem o diálogo e se abrem ao amor perfeito. O amor é perfeito quando os dois, Pai e Filho, se unem para juntos amarem um Terceiro. O Espírito Santo é esta terceira Pessoa. Ela representa o novo, a abertura e a comunhão absoluta. Aqui está a importância de crermos que o Pai e o Filho juntos ou o Pai pelo Filho "espiram" o Espírito Santo. É a importância fundamental da superação do frente a frente rumo à convergência de um Terceiro.

46. A simultaneidade do Espírito Santo com o Pai e o Filho

As discussões acerca da forma como o Espírito Santo procede e como se relaciona com o Pai e o Filho dividiram a única Igreja em duas expressões históricas: a Igreja romano-católica e a Igreja ortodoxo-católica. Em dois concílios ecumênicos, o de Lyon (1274) e o de Florença (1439), se tentaram fórmulas de conciliação. Em Lyon se disse claramente que o Espírito procede do Pai e do Filho não como de dois princípios e causas, mas como de um só princípio. Pai e Filho estão tão unidos, pois têm a mesma natureza-comunhão e a mesma vida, que constituem uma só fonte. Em Florença se explicou que se pode dizer também: o Pai espira o Espírito Santo através do Filho, ou também pelo Filho. O Filho não é como causa instrumental, mas pela mútua comunhão de amor participa da origem do Espírito Santo. As explicações não lograram superar as divisões e mútuas suspeitas de heresia. Até hoje continuam as disputas.

Entre os teólogos, entretanto, se fizeram aprofundamentos significativos. Assim se questiona com razão se a terminologia empregada é adequada: causa, processão, espiração. Parece que o Espírito Santo vem em terceiro lugar e está subordinado ao Pai ou ao Pai e ao Filho. Na verdade, não existe na Santíssima Trindade nenhuma subordinação porque os três Divinos são coeternos, coinfinitos e coiguais. Não vale neles o antes e o depois, o acima e o abaixo. Devemos partir como parte o Novo Testamento: das três Pessoas: do Pai, do Filho e do Espírito Santo sempre em relação e em comunhão. Eles são simultâneos e vêm sempre juntos. Para evitar mal-entendidos, em vez de falar de causa, princípio e processões, melhor faríamos em falar em mútua re-

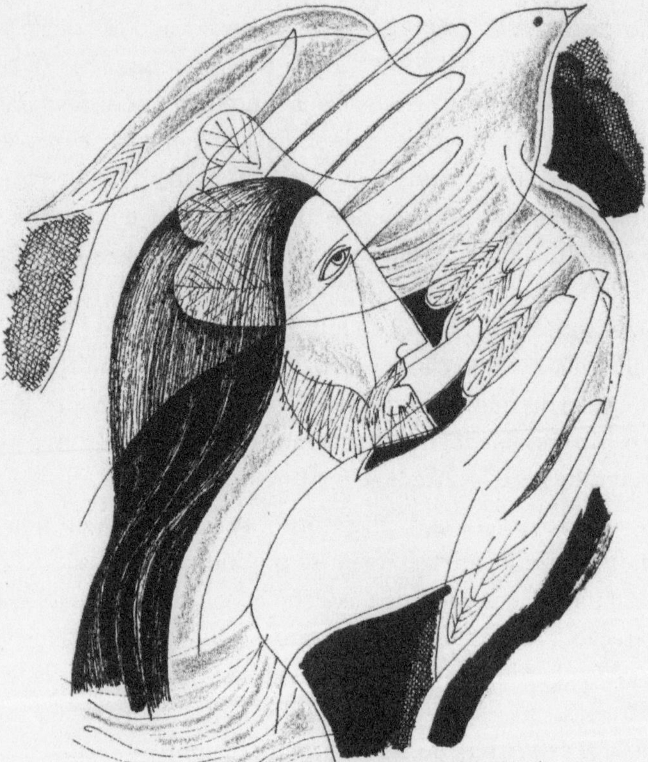
CEREZO BARREDO 88

velação e reconhecimento. Cada Pessoa está sempre relacionada com as outras duas, porque pela pericórese (pela interpenetração) cada uma carrega dentro de si as demais. Cada Pessoa se determina e se distingue pela relação própria que estabelece para com as outras duas. Então dizemos: o Espírito Santo revela a autoentrega que se fazem Pai e Filho. Este amor é o próprio Espírito Santo. O Espírito reconhece o Pai no Filho. O Espírito vê o Filho como a suprema expressão do Pai. O Espírito é a alegria da relação de inteligência e de amor entre Pai e Filho. Se quisermos manter a terminologia consagrada podemos também dizer: o Pai "gera" o Filho com a participação do Espírito Santo e "espira" o Espírito Santo com a participação do Filho. O Espírito Santo junto com o Filho testemunham a inascibilidade do Pai e assim participam também da eternidade, já que tudo entre as divinas Pessoas circula num fluxo e refluxo de eterna vida e vital amor.

A vontade dos cristãos de criarem uma sociedade igualitária, estruturada pelos mecanismos de participação de todos e respeitadora das diferenças, impedindo que se transformem em desigualdades, encontra sua fundamentação na igual dignidade das três diversas Pessoas divinas, na sua simultaneidade, na sua coexistência amorosa.

47. A dimensão feminina do Espírito Santo

Mais do que com referência ao Pai e ao Filho, a reflexão teológica bem cedo viu dimensões femininas no Espírito Santo. A começar pelo nome Espírito Santo que em hebraico é feminino. Nas Escrituras o Espírito sempre vem associado à função geradora e ao mistério da vida. O Evangelho de

São João nos delineia a atuação do Espírito Santo numa terminologia tipicamente feminina. Ele nos consola como Paráclito, exorta e ensina como fazem as mães junto a seus filhinhos (Jo 14,26; 16,13). Ele não nos deixa ficar órfãos (Jo 14,18). Ensina-nos a balbuciar o nome verdadeiro de Deus *Abba*, que quer dizer Paizinho. Ele nos transmite também o nome-segredo de Jesus que é Senhor (1Cor 12,2,). Por fim, como fazem também as mães, Ele nos educa na oração e na forma de pedir as coisas verdadeiras (Rm 8,26).

Já no Antigo Testamento o Espírito é associado a funções femininas. O próprio pairar do Espírito por sobre as águas do caos primitivo da criação, antes que houvesse ordem, simbolizaria, segundo bons intérpretes, o chocar gerador de todo tipo de vida. Na literatura sapiencial, como é notório, a Sabedoria é amada como uma mulher (Eclo 14,22) e vem apresentada como esposa e mãe (Eclo 12,26), às vezes identificada com o Espírito (Sb 9,17). Há representações trinitárias nas quais o Espírito Santo é colocado entre o Pai e o Filho, na forma de mulher. Nas Odes de Salomão, escrito do cristianismo sírio, a pomba do batismo de Jesus, que é uma das representações do Espírito Santo, é chamada de mãe. Há Padres da Igreja que chamaram ao Espírito Santo de mãe divina de Jesus-homem, porque a concepção no seio da virgem Maria se deu por obra e graça do Espírito (Mt 1,18). Macário, grande teólogo cristão da Síria († 334), deixou este belo texto: “O Espírito é a nossa Mãe porque o Paráclito, o Consolador, está pronto a nos consolar como uma mãe consola o seu filho e porque os fiéis são renascidos dele e são assim os filhos desta Mãe misteriosa que é o Espírito Santo”. Com efeito o Espírito está presente na primeira criação; atua também na nova criação, vindo sobre Maria e fazendo-a conceber o Filho encarnado; desce sobre Jesus no batismo e o impulsiona para a missão; ressuscita Jesus dentre os mortos (At 13,33; Rm 1,3), desce sobre os apóstolos e assim dá início à Igreja missionária. No corpo de Cristo, que é a Igreja, o Espírito qual Mãe concebe novos irmãos e irmãs de Jesus e enche de vida com carismas e serviços as comunidades cristãs. Repetimos o que temos afirmado anteriormente: o Espírito possui dimensões femininas e masculinas, mas está para além dos sexos. Os valores que descobrimos no feminino presente na mulher e no varão encontram no Espírito Santo uma de suas fontes eternas.

> *Deus nos encontra em valores que nossa cultura chama de masculinos como o vigor, a determinação, o trabalho, masculino que existe no varão e na mulher. Mas nos encontra também nos valores femininos existentes em ambos os sexos como a ternura, o sentido do mistério e o cuidado. O Espírito Santo em sua ação entre nós privilegiou tal lado da existência humana.*

48. Missão do Espírito Santo: unificar e criar o novo

A ação do Espírito Santo na história é reflexo de sua ação no seio da Trindade. Aqui Ele é princípio de diversidade e de união entre os distintos (Pai e Filho). Por isso é amor e comunhão por excelência, embora cada Pessoa divina seja comunhão e amor. Sempre que na história nos encontramos com os dinamismos de amorização, de congraçamento, de convivência das diversidades, aí discernimos a presença inefável da ação do Espírito Santo. O Espírito está ligado à ação transformadora e inovadora. Sua ação penetra os atos humanos fazendo com que eles sejam realizadores do desígnio da Trindade. Especialmente os agentes históricos, os líderes carismáticos, os criadores de novos horizontes, os desbravadores de novos caminhos são expressões da força do Espírito Santo. Mas particularmente os pobres quando resistem contra as opressões, quando se organizam para buscar a vida, o pão e a liberdade, quando no meio das lutas conservam a fé e a ternura para com os outros, são os grandes sacramentos históricos da presença atuante do Espírito Santo.

O Espírito Santo está ligado ao novo e ao alternativo. Sempre temos a ver com leis, hábitos e instituições. Estas instâncias nos dão segurança e nos garantem uma direção. Mas o espírito humano está sempre aberto para cima e para frente. É insaciável. De tempos em tempos surgem as crises de identidade; as estrelas de nosso céu se escondem. As sociedades sentem a necessidade de novos caminhos. Acontecem revoluções que deixam para trás veneráveis instituições e caminhos batidos. Abrem-se sendas novas. Cria-se uma nova ordem. O Espírito Santo está sempre presente nestes processos, geralmente dolorosos, de mudança estrutural. É Ele que inaugura o novo céu e a nova terra. Poderíamos figurativamente dizer que o Espírito Santo é a imaginação criativa de Deus. Especialmente na Igreja atua o Espírito, pois ela é o sacramento do Espírito de Jesus. Ao lado de sua estrutura legítima de poder existe o carisma que vem do Espírito. O Espírito Santo atualiza a mensagem de Jesus, não deixa que na comunidade impere o autoritarismo, nem que nas celebrações vigore o ritualismo, nem que na reflexão cristã se caia na aborrecida repetição das fórmulas. Nos sacramentos, particularmente na Eucaristia, se mostra a eficácia salvadora do Espírito. Ele vem como graça que diviniza nossa vida e, por sua atuação, as palavras de Cristo que instituíram o sacramento eucarístico ganham eficácia e nos trazem a santa humanidade de Cristo em nosso meio, sob a forma de pão e de vinho.

Que seria da sociedade e das Igrejas se não surgissem os inovadores, as pessoas criativas, que têm ideias novas, inventam novos ritmos, descobrem novos caminhos para a educação, culinária, agricultura, a política e a religião? É por essas dobras do tecido social que se manifesta o Espírito Santo criador e doador de vida.

49. A relação única entre o Espírito Santo e Maria

O Espírito Santo juntamente com o Filho foi enviado à Terra, para santificar todas as criaturas e reconduzi-las ao seio da Trindade. Quem acolheu a vinda do Espírito Santo? A quem Ele veio pessoalmente e em total entrega? A reflexão teológica não precisou até hoje de forma clara este ponto. Sabemos, sim, que o Espírito está na vida de todos os pobres e de todos os justos da história, que mais densamente está na comunidade dos fiéis, que atua particularmente nos sacramentos e dá uma assistência infalível ao papa, quando este fala para toda a Igreja, para expressar a fé desta mesma Igreja de forma conscientemente vinculante para todos os fiéis. Mas não poderíamos concretizar melhor a presença pessoal do Espírito no tempo, como o fazemos e o sabemos com referência ao Filho? O Filho foi acolhido pela santa humanidade de Jesus; é a essência do mistério da encarnação, a união inseparável e inconfundível entre a realidade humana e a realidade divina em Jesus de Nazaré, Filho de Deus e nosso irmão carnal. Não poderíamos procurar uma semelhança com referência ao Espírito Santo? Efetivamente, cabe à reflexão respeitosa dos cristãos elaborar uma hipótese (*theologúmenon*) que não ofenda as demais verdades da fé e que avance no conhecimento e no amor da Santíssima Trindade. Não se trata de nenhuma doutrina oficial que possa ser ensinada nas aulas de catequese. Trata-se de um esforço, marcado pela unção e pelo respeito, de ver mais profundamente os mistérios de Deus que sempre nos desafiam e nos convidam a uma penetração maior. Vamos expor semelhante hipótese teológica.

Há um texto de São Lucas que nos parece iluminador; com referência a Maria, diz: "O Espírito Santo virá sobre ti e a virtude do Altíssimo te cobrirá com sua sombra e é por isso que o Santo gerado será chamado Filho de Deus" (1,35). Aqui se diz que o Espírito há de vir sobre Maria, como de fato veio. "Cobrir com sua sombra" é a expressão bíblica para dizer que o Espírito arma sua tenda em Maria, quer dizer, terá aí uma presença palpável (cf. Ex 40,34-35). Com razão o Concílio Vaticano II chama Maria de "sacrário do Espírito Santo" (LG 53). A presença do Espírito em Maria faz dela mãe; transforma sua maternidade de humana em maternidade divina. Por isso, o que nasce dela "é Filho de Deus". O concílio diz: "Maria é como que plasmada pelo Espírito Santo e formada nova criatura" (LG 56). Dizer que é "como que plasmada pelo Espírito Santo" implica reconhecer uma relação única com a Terceira Pessoa da Santíssima Trindade. Realiza-se então a máxima dignificação da mulher, à semelhança do varão com Jesus. Varão e mulher são imagem e semelhança de Deus, da Santíssima Trindade (Gn 1,27). Ambos participam da divindade, cada qual a seu modo próprio, mas real e verdadeiramente. Nós, irmãos e irmãs de Jesus e de Maria, participaremos em união com eles e no modo próprio a cada um de nós.

O masculino em Jesus foi divinizado pela encarnação do Filho. E o feminino? Não possui ele igual dignidade? Junto com o masculino não é o feminino imagem e semelhança do Deus-Trindade? Convinha manter o equilíbrio querido por Deus, convinha divinizar também o feminino. Maria não pode ser vista como aquela em quem o Espírito Santo mora e eleva ao Divino o feminino?

X
A Trindade no céu e a Trindade na terra: a história interna da Trindade refletida na história externa da criação

50. Assim como era no princípio: a eternidade da Trindade

Nós estamos no tempo. O futuro vem, passa pelo presente e se transforma em passado. Ou viemos do passado, atravessamos o presente e rumamos para o futuro. Todos temos um começo, um meio e um fim. Encontramo-nos dentro de um espaço de tempo limitado. Com a Santíssima Trindade não é assim. Ela é eterna, não teve começo nem terá fim. Confrontamo-nos aqui com um mistério abissal. Ele ultrapassa nosso pensamento e nossa própria imaginação. Como lançar alguma luz sobre este mistério? Talvez somente o consigamos negativamente, quer dizer, dizendo o que não é a eternidade; o que é ela mesma, escapa-nos totalmente. Nem por isso deveremos cair no mutismo. Se não há conceitos, há pelo menos acenos.

Eternidade não significa um tempo interminável e ilimitado. Eternidade não quer dizer um envelhecer sem fim, mas uma juventude permanente e sem ameaça. Se ela fosse uma duração interminável, então deveríamos afirmar que

Deus não tem fim. Ora, as criaturas racionais também não possuem fim. Começaram um dia a existir pelo ato amoroso das três divinas Pessoas e são eternizadas para sempre na comunhão trinitária. Mas elas começaram! A Santíssima Trindade jamais começou. Sempre existiu, desde o princípio e eternamente; jamais deixará de existir! Aqui surge o limite da nossa compreensão: como representar alguém que sempre existiu? Nossa experiência nos atesta que tudo o que conhecemos começa um dia, se desenvolve e depois morre. Ou, no caso das pessoas, começam um dia e passam para a eternidade sem fim. Com a Santíssima Trindade não há nem um começo nem haverá um fim. O que nos causa dificuldades não é tanto o sem-fim, mas o sem-começo. Por isso a eternidade não significa uma quantidade, mas quer expressar uma qualidade divina. A Santíssima Trindade é tão perfeita, possui a vida de forma tão plena e simultânea a ponto de não apresentar nenhuma insuficiência. O estar aberto e em comunhão é perfeição. Se ela associar à sua comunhão pericorética outras pessoas e até todo o universo não é por carência, mas por superabundância. Ela infinitamente se expande e se expressa e em cada momento é absoluta e totalmente plena.

Quando dizemos que a Trindade existe desde o princípio, queremos confessar o seguinte: antes que houvesse a mínima porção de matéria atômica, antes que irrompesse qualquer sinal de vida, antes que começasse o suceder dos tempos, o Pai já existia se expressando totalmente no Filho e juntos amando infinitamente o Espírito Santo. Nós como criaturas estávamos na mente divina como projeto a ser realizado num determinado momento e assim podermos participar da comunhão trinitária. Não entendemos o que estamos dizendo. Mas queremos apenas afirmar: o amor, a comunhão, o entrelaçamento amoroso das divinas Pessoas é uma realidade tão extraordinária e plena que sempre existiu e existirá para sempre.

> *A eternidade é um problema somente quando queremos entendê-la. E nunca vamos entendê-la. Mas se transforma numa fonte de alegria quando sabemos e cremos que vamos participar dela numa festa sem fim, num convívio de irmãos e de amigos, pleno, numa vitória sobre o tempo, deslumbrante, sem qualquer sombra de amargura.*

51. A Trindade do céu se manifesta na terra

A Trindade se revela assim como é: como comunhão do Pai, do Filho e do Espírito Santo. Os apóstolos e os primeiros cristãos descobriram que Deus Pai estava presente agindo na criação e na história. Discerniram que em Jesus de Nazaré estava o próprio Filho de Deus aí encarnado. Perceberam que o Espírito Santo atuava na história com suas mudanças e na comunidade, movia os corações das pessoas para reconhecerem a Deus como Pai e aceitarem a Jesus como o Filho de Deus que nos salvou por sua vida, compromisso com a justiça e o amor irrestrito, por sua morte e ressurreição e que continuava a penetrar na história para levá-la ao seu fim bom. Chamaram Deus a estas três presenças, sem com isso cair no politeísmo ou trair a fé num só Deus. Deus a partir de agora será compreendido como Trindade, quer dizer, como comunhão do Pai, do Filho e do Espírito Santo, sendo um só Deus de amor, de vida e de comunicação.

Esta experiência histórica permite então dizer: se percebemos que sob o nome Deus existem três Pessoas, é porque Deus em si mesmo é trino e é a comunhão de três Pessoas. As três Pessoas não constituem realidades somente para a nossa percepção. É uma realidade em si mesma A Trindade da terra corresponde à Trindade do céu. Vice-versa também podemos dizer: a Trindade do céu corresponde à Trindade da terra.

Esta afirmação pode ser melhor fundamentada se partirmos do mistério da vinda do Filho à humanidade de Jesus de Nazaré e da descida do Espírito sobre a Virgem Maria, como atesta São Lucas (1,35). O Filho está realmente presente em Jesus, a ponto de dizermos: esta humanidade aqui concreta é a humanidade do próprio Deus. O Espírito Santo está de tal forma presente na Virgem Maria (segundo a nossa compreensão) que Ele atua sobre sua potência maternal, fazendo-a realmente a Mãe de Deus. O que nasce dela será Filho de Deus (Lc 1,35). O Espírito bem como o Filho estão entre nós. Ambos, entretanto, remetem ao Pai. O Filho encarnado continuamente confessa que foi enviado pelo Pai. O Espírito é enviado também pelo Pai a pedido do Filho. Portanto temos aqui a presença de toda a Santíssima Trindade em nossa vida. Isto é sinal que a Trindade não é criação nossa. Ela existe em si mesma. A realidade última da criação é comunhão de Três divinos. Nós estamos envolvidos por Eles, convidados a participar de sua vida, a entrar em sua comunhão e a pertencermos ao Reino da Trindade.

> *Nós não nos enganamos nem somos enganados acerca do mais importante do universo: o que está por detrás de tudo? O que sustenta e penetra todos os seres? Para onde aponta o desejo do nosso coração? É a comunhão dos Diversos, é o amor que tudo unifica, é o Pai, o Filho e o Espírito Santo sempre juntos entre si e juntos conosco.*

52. A glória e a alegria da Trindade

Pela encarnação do Filho em Jesus e pela vinda do Espírito sobre Maria há uma história da Santíssima Trindade dentro de nossa própria história. Esta história não se caracteriza pelas dimensões visíveis de grandeza, de glória e de poder. O caminho privilegiado por Deus no Antigo e no Novo Testamento, mesmo nas religiões do mundo, é de simplicidade e de humildade. Jesus foi um pobre, profeta ambulante, desprovido de qualquer poder, a não ser aquele que se deriva da palavra e da bondade radical. Maria foi uma mulher do povo, que caminhou na obscuridade da fé e que participou da estreiteza da situação histórica de seu Filho. E no entanto eles eram a presença viva do Filho e do Espírito Santo entre nós. Mesmo nestas situações de humilhação, manifestaram o que é o Filho e respectivamente o Espírito Santo no seio da Trindade. Jesus revela o rosto misericordioso do Pai, sendo Ele mesmo misericordioso para com os pecadores que encontrava. Manifestava a verdade divina contra todas as distorções da religião do tempo, verdade que liberta o humano, que alivia do peso das tradições e que põe de manifesto a vocação fundamental de cada pessoa: chamada ao amor, ao perdão e ao serviço dos demais, mesmo que por fidelidade a esta verdade tenha que suportar a morte. Da mesma forma o

Espírito Santo: Ele é força de resistência, união entre todos, coragem nas dificuldades, libertação das opressões. Maria seguiu seu Filho no mesmo destino, manteve a comunidade unida em Pentecostes, sustentou a adesão à vontade misteriosa do Pai ao pé da cruz de seu Filho, teve a coragem de suplicar a intervenção do Deus libertador dos pobres para modificar as relações de força aqui na terra (cf. Lc 1,51-53). Em outras palavras: a Santíssima Trindade está presente na história pelo Pai que envia o Filho e o Espírito Santo, e estes por seu advento concreto em Jesus e Maria assumiram toda a condição humana submetida aos achaques comuns da existência mortal e marcada pelas consequências do pecado. A partir de dentro a libertaram.

Por outra parte, cabe à fé não apenas vislumbrar alguma luz acerca da vida íntima das três divinas Pessoas em si mesmas. Mas também perceber a infinita alegria que perpassa as relações trinitárias. São três olhares distintos constituindo uma única visão de amor. É o conúbio dos Três numa só comunhão de vida. O entrelaçamento dos divinos Três, num fluxo e refluxo de autodoação, faz emergir o êxtase da intimidade, do aconchego e da expansão da ternura. É a felicidade sem fim, num oceano de realização que não conhece margens, num fascínio recíproco extasiante, numa vida eternamente plena. É a glória e a alegria do Pai, do Filho e do Espírito Santo, inefavelmente juntos.

> *A união da Diversidade – eis a essência do mistério da Trindade – não é apenas a expressão intelectual da fé em Deus-comunhão, mas constitui uma fonte de realização subjetiva, de efusão de alegria, de experiência de beleza e também de humor prazeroso.*

53. A criação projetada para a comunhão

Deus em seu mistério mais íntimo não é solidão, mas comunhão de três divinas Pessoas. Esta comunhão entre Pai, Filho e Espírito Santo é por sua própria natureza expansiva; ela se desdobra de mil formas.

A Trindade quis companheiros nesta sua comunhão eterna. O sentido secreto de toda criação reside exatamente nisso: ser diferente de Deus para poder acolher dentro de si Deus; ser diferente da Trindade para poder ser incluído dentro da comunhão da Trindade.

A criação não é necessária, no sentido de ser imposta a Deus. Ela se deriva da liberdade e do amor das três divinas Pessoas de quererem uma expansão de sua comunhão num outro nível, diferente daquele eterno em que infinitamente convivem, no nível temporal e finito. Nesta criação participam os divinos Três. Eles sempre agem juntos como um único princípio de ser, de vida e de amor. Como disse muito bem Santo Agostinho, o mundo foi feito pelo Pai, através do Filho, no Espírito Santo. Cada Pessoa imprime na criação algo de sua propriedade. Por isso a criação é tão rica, porque por detrás dela e dentro dela se esconde a riqueza de cada Pessoa divina, assim como ela é, sempre distinta e sempre em comunhão. Por isso também a criação é pervadida, no interior mesmo das mais variegadas diferenças, por um dinamismo de união, de convergência e de comunhão que espelha a realidade íntima da Trindade.

A criação possui duas caras: uma temporal e visível; é aquela que nós percebemos na sucessão de todas as formas e expressões de ser; a outra é eterna e invisível como ideia e projeto das três divinas Pessoas. A possibilidade da criação surge do íntimo mesmo da comunhão trinitária. O Pai, unido ao Espírito Santo, se revela totalmente no Filho e ao Filho. A imagem eterna de si mesmo junto com o Espírito é o Filho. Mas no Filho projeta também todas as possíveis imagens menores de si mesmo; são todas as criaturas que constituem o universo. Enquanto projeção do Pai no Filho com o amor do Espírito Santo, a criação é eterna e por isso se situa dentro do círculo da comunhão trinitária. Enquanto os divinos Três do infinito das imagens da Trindade escolhem algumas para existirem fora deste círculo de comunhão interna, surge a criação que agora temos. O que era projeto eterno passa a ser agora projeto temporal; o que era antes projeção agora é realidade. Como realidade é tirada pela Trindade do nada. É diferente da Trindade, mas impregnada das marcas da Trindade. Porque é diferente pode receber dentro de si a comunicação pessoal de cada uma das Pessoas, pode ser assumida para dentro da comunhão trinitária. Para isso existimos, para isso existe tudo o que existe.

> *A raiz última de nossa história se encontra na história íntima da Trindade, no jogo de relações recíprocas entre os divinos Três, produzindo eternamente diversidade e unificação.*

54. Cada Pessoa divina ajuda na criação do universo

Na Trindade tudo é trinitário, quer dizer, tudo circula, tudo inclui sempre as três divinas Pessoas, tudo é expressão da comunhão dos três divinos Distintos. Isso ocorre também com referência à criação. Santo Tomás de Aquino, na *Suma Teológica*, diz que cada Pessoa atua do seu jeito e sempre juntas (como um só princípio) na criação do universo. É semelhante, diz ele, ao artista: ele aplica a inteligência e o amor na produção de seu objeto de arte. Analogamente é com o Pai que fez a criação, com a Inteligência que é seu Filho e com Amor que é o Espírito Santo. Em razão disso todas as coisas remetem ao seu Criador, todas revelam e supõem uma sabedoria extremamente lógica, todas são amáveis e expressão de um possível amor. Numa palavra, todos os seres são imagem e semelhança da Trindade. Vejamos um pouco como podemos imaginar esta íntima colaboração das três Pessoas na criação de todos os seres. O Pai atua como mistério abissal, como aquele no qual vemos que a Trindade é eterna, sem princípio e dando princípio a tudo. Todas as coisas possuem um caráter misterioso; por mais que as conheçamos, sempre podemos conhecer mais; todas remetem a uma causa mais alta donde provieram. É o mistério do Pai que aí se anuncia. Por outra parte, cada coisa faz derivar de si outra coisa. É principiada, mas ao mesmo tempo se faz princípio criado de outra coisa. É novamente expressão do Pai que é sem princípio e se encontra no princípio de tudo. Cada coisa é paternal e maternal.

O Filho é revelação e inteligência. Cada criatura revela algo de Deus. Mostra a presença de uma sabedoria suprema. A estrutura de cada ser é assim que ele sempre se revela, mostra sua verdade e desta forma entra em comunicação com o outro. Tais características denotam a presença do Filho dentro da criação. Por isso todas as coisas são fraternais e sororais, são irmãos e irmãs entre si.

O Espírito é amor e união. A comunhão que caracteriza o íntimo mistério divino nele se mostra visível. As coisas do universo não estão justapostas, mas formam totalidades de sentido; há ordem, apesar do aparente caos. Especialmente entre as pessoas vigora amor e atração para a união e para a comunhão. Nestas energias cósmicas e vitais emergem os sinais da presença do Espírito Santo. As criaturas fazem sempre um apelo espiritual que vem do Espírito divino.

Cada criatura e o conjunto da criação contêm a atuação destas três energias divinas. Não são energias cegas, são atuações de Pessoas, distintas, mas em comunhão, conferindo profundidade, luz e calor ao universo.

> *Cada ser que existe guarda a marca ao Pai, por isso se apresenta sempre como um mistério; guarda a marca do Filho, por isso pode ser compreendido e é fraternal e sororal; guarda a marca do Espírito Santo, por isso pode ser amado e alimenta nossa dimensão espiritual.*

55. Sinais trinitários sob a sombra da história

O cosmos e a vida humana estão estruturados trinitariamente. Isso corresponde à ordem da criação e também à ordem da graça. Podemos e devemos viver conscientemente esta dimensão. No tempo presente, no entanto, não sentimos o gozo e a alegria que esta verdade significa. Caminhamos às apalpadelas, à luz da fé, imbuídos de esperança e construindo o amor. Os sinais trinitários se realizam na obscuridade da inteligência. Cremos sem poder ver adequadamente o que cremos. Particularmente é obscura a presença das divinas Pessoas no processo histórico-social. Nele estão presentes conflitos e contradições. Há o pecado que faz também sua nefasta obra de desagregação da comunhão querida pela Trindade. É neste campo que precisamos crer e não nos deixar conduzir somente pelo que é palpável. A fé transcende o meramente visível e enxerga fundo, lá onde as coisas se ligam ao mistério de Deus.

Assim, na fé percebemos que a luta dos oprimidos contra o pecado da fome e da violência possui particular densidade trinitária. Sempre que se recomeça de novo, desde o princípio, depois de cada fracasso ou mesmo depois de alcançar o objetivo, é o sinal do Pai que nesta iniciativa se anuncia. Sempre que no meio das contradições se avança na direção de relações mais fraternas e produtoras de vida é o Filho que aí está se revelando. A união dos oprimidos, a convergência de interesses na linha do bem de todos, a coragem para enfrentarem os obstáculos, o destemor da palavra que denuncia, a habilidade para a criação de alternativas, a solidariedade para com os mais oprimidos entre os oprimidos, até a identificação com sua causa e vida são acenos da presença atuante do Espírito na história.

A história é humana; nela existem antagonismos ao lado de convergências. Ela possui sentido e se vão criando sentidos dentro dela junto com a persistência de absurdos existenciais e coletivos. Apesar disso, ela vem habitada misteriosamente pelo augusto mistério do Pai, do Filho e do Espírito Santo. Essa presença é eficaz, dando ânimo para a luta, capacidade de resistência à força do pecado, espírito criativo e vontade transformadora da história. Esta história é o teatro da glória possível da Trindade; no tempo presente sempre sob sombras e cruzes; no termo do tempo sob a forma da plena patência e da interminável festa. O universo está grávido do mistério da Santíssima Trindade, tão próximo que sequer o percebemos, tão transcendente, que nos desborda por todos os lados, tão íntimo que mora no mais profundo de nosso coração, tão real que persiste, apesar de todo o pecado e de todas as suas perversas sequelas.

É errôneo e ofensivo a Deus dizer que a Santíssima Trindade é um mistério tão abissal que não deixa nenhum sinal na criação e na vida humana. Ou é indício de fraca fé ou de total distração religiosa que não percebe a comunhão, a riqueza da diversidade e a unidade entre todas as coisas.

56. Agora e sempre: a Trindade na criação e a criação na Trindade

A criação existe para acolher dentro de si a Trindade. A Trindade quer acolher dentro de si a criação. Dito numa fórmula breve: a Trindade na criação visa inserir a criação na Trindade. Haverá um momento na história quando se manifestará a realidade de Deus assim como ela é e pode ser captada dentro dos limites da criatura humana? Haverá sim. A antecipação disso já a tivemos com a encarnação do Filho e a vinda do Espírito Santo sobre Maria e a comunidade dos seguidores de Jesus. Quer dizer, uma parte de nossa história virou história da Trindade. Agora a história em sua totalidade vai ser história trinitária. Então não haverá mais leitura de sinais, mas alegria da presença direta e transparente. O universo, depois dos milhões e milhões de anos de sua ascensão, depois do desdobramento de suas potencialidades latentes que foram se tornando, finalmente, patentes, depois da crise cósmica pela qual foi acrisolado de toda perversidade, atinge, enfim, o Reino da Trindade. A partir da força transformante do Espírito e através da ação libertadora do Filho chega o universo, derradeiramente, ao Pai. Agora começa a verdadeira história da criação com o seu Criador trinitário. O mistério da criação se encontra com o mistério do Pai. Cada criatura será confrontada com o seu protótipo eterno, o Filho do Pai. A comunhão e a união que vigoram entre todos serão reveladas como expressão do Es-

CEREZO BARREDO '88

pírito Santo. A criação para sempre estará unida ao mistério da vida, do amor e da comunhão do Pai, do Filho e do Espírito Santo. Os varões se descobrirão assumidos, à semelhança de Jesus de Nazaré, pela Pessoa do Filho eterno. Agora serão eternamente filhos adotivos no Filho eterno, expressão do amor, da sabedoria e da vida do Pai. As mulheres se verão assumidas, consoante uma teoria teológica nossa, à semelhança de Maria de Nazaré, pelo Espírito Santo. Homens e mulheres assim divinizados revelarão o rosto materno e paterno de Deus em comunhão, agora inclusiva, da Trindade com a criação e da criação com a Trindade.

É a festa dos redimidos. É a dança celeste dos libertos. É o convívio dos filhos e das filhas na pátria e no lar da Trindade com o Pai, o Filho e o Espírito Santo.

Na criação trinitarizada brincaremos e louvaremos. Louvaremos e amaremos a cada uma das divinas Pessoas e a comunhão entre todas elas. E seremos por elas convidados a amar e a louvar, a brincar e a cantar, a bailar e a adorar pelos séculos dos séculos, amém. Agora, enfim, haverá a verdadeira história da Trindade na criação e da criação na Trindade. O que estava fora será introduzido para dentro; o que estava dentro foi comunicado para fora. Fora e dentro estarão em perpétua comunhão, comunhão que é o mistério da própria Trindade.

Esse universo todo, estes astros sobre nossas cabeças, estas florestas, estes pássaros, estes insetos, estes rios e estas pedras, tudo, tudo, vai ser conservado, transfigurado e feito templo da Santíssima Trindade. E nós viveremos numa grande Casa, como numa só Família, minerais, vegetais, animais e humanos com o Pai, o Filho e o Espírito Santo.
Amém.

Conclusão
Resumo da doutrina trinitária: o todo em muitos fragmentos

1. Quando falamos *Deus*, devemos sempre subentender a *Santíssima Trindade*. A Trindade é o Pai, o Filho e o Espírito Santo sempre juntos e em comunhão perfeita. Esta comunhão perfeita faz com que as três divinas Pessoas sejam um só Deus-vida-amor.

2. É perigoso ficarmos só com a afirmação de um único Deus fora de uma fé trinitária. Existem líderes religiosos e políticos que invocam esta compreensão unicista de Deus para justificar seu autoritarismo e exclusivismo.

3. O que permite vislumbrar por que as três divinas Pessoas são um só Deus é a *pericórese*. Pericórese significa o inter-relacionamento eterno que existe entre os divinos Três. Cada Pessoa vive da outra, com a outra, pela outra e para a outra Pessoa. Elas estão desde sempre entrelaçadas e interpenetradas, de sorte que não podemos pensar nem falar de uma Pessoa, como por exemplo do Pai, sem ter que pensar e falar também do Filho e do Espírito Santo.

4. Somente conhecemos a Trindade em si mesma a partir dos sinais que ela nos deixou na história, na vida

humana, nas religiões e na Bíblia. No caminho de Jesus e na ação do Espírito Santo nos primeiros cristãos aparece claro que existe o Deus-Pai, o Deus-Filho e o Deus-Espírito Santo, sempre juntos e em eterna comunhão recíproca.

5. O desafio fundamental da fé trinitária é esse: como equacionar três em um e um em três? Como da trindade de Pessoas se chega à unidade de um só Deus e como passar da unidade de um só Deus para a trindade de Pessoas?

6. A Igreja expressa sua doutrina oficial da seguinte forma: Deus é uma *natureza* em três *Pessoas*. A natureza responde pela unidade da Trindade. A pessoa garante a Trindade na unidade. Existem ainda duas *processões*, isto é, a maneira pela qual uma Pessoa procede da outra. O Pai gera o Filho (primeira processão) e o mesmo Pai junto com o Filho espira o Espírito Santo (segunda processão). Há ainda as *relações*, isto é, as conexões que vigoram entre as três Pessoas: a paternidade, a filiação e a espiracão ativa e passiva; pelas relações as Pessoas se distinguem umas das outras; distinguem-se também por sua própria personalidade específica. Por fim, há as *missões* do Filho para nos libertar e fazer filhos e filhas e do Espírito Santo, para nos santificar e reconduzir ao seio da Santíssima Trindade.

7. Há três maneiras consagradas de aprofundar racionalmente a doutrina trinitária: as correntes ortodoxa, latina e moderna. A *Teologia Ortodoxa* (da Igreja ortodoxa do Oriente) parte da unidade da natureza do Pai. O Pai é fonte e origem de toda a divindade. Ele por sua boca profere a Palavra, que é o Filho. Ao proferir a Pa-

lavra lhe sai simultaneamente o Sopro, que é o Espírito Santo. Os três recebem do Pai toda a natureza divina, por isso são consubstanciais. A *Teologia Latina* (da Igreja romano-católica) e outras partem da natureza divina, que é espiritual. O Espírito absoluto sem princípio e origem de tudo é o Pai. O Pai se conhece por sua Inteligência e gera o Filho. Pai e Filho se amam, e juntos espiram o Espírito Santo. A mesma natureza se encontra nos três, por isso há um só Deus. A *Teologia Moderna* parte das três Pessoas juntas. Realça o fato de que as três estão sempre inter-relacionadas e em eterna comunhão (pericórese). Esta relação é tão absoluta que os divinos Três se unificam sem se fundirem, sendo então um único Deus vivo.

8. Há três maneiras erradas de se pensar a fé na Trindade: o triteísmo, o modalismo e o subordinacionismo. Pelo *triteísmo* se afirma que existem três deuses: o Pai, o Filho e o Espírito Santo. Nesta visão não se considera a pericórese, quer dizer, o entrelaçamento eterno entre os divinos Três. O *subordinacionismo* considera somente o Pai como o Deus verdadeiro. O Filho e o Espírito Santo são subordinados a Ele, sem possuir a mesma natureza divina; aqui se nega a igualdade divina entre as três Pessoas. O *modalismo* afirma que existe somente um único Deus, mas três modos de sua manifestação no mundo. Quando o único Deus cria, usa a máscara de Pai; quando liberta, o pseudônimo de Filho; e quando santifica e reconduz tudo de volta ao Reino, se apresenta com a cara de Espírito Santo; nesta visão se abandona a Trindade de Pessoas.

9. Todos as expressões técnicas que usamos para tentar compreender algo da Trindade possuem um valor aproximativo, analógico e figurativo, como "geração" por parte do Pai com referência ao Filho, ou "espiração" por parte do Pai e do Filho com respeito ao Espírito Santo, ou as demais palavras como "natureza", "pessoa", "relações", "processões", "missões". Podemos usar também o jeito bíblico de se expressar como "revelação", "reconhecimento", "comunhão", "vida" e "amor".

10. A razão não é o único acesso ao coração da Trindade. Existe também a fantasia. Por ela captamos melhor a significação existencial que a Santíssima Trindade possui para a nossa vida. É pela fantasia que percebemos que a pessoa humana, a família, a comunidade, a sociedade, a Igreja e o cosmo são sinais, símbolos e sacramentos da Trindade.

11. Em virtude do inter-relacionamento (pericórese) entre as três divinas Pessoas, tudo nelas é ternário e participado. Isso não impede que haja ações próprias de cada uma das Pessoas pelas quais aparece a propriedade da Pessoa singular.

12. A ação própria do Pai é projetar toda a criação no ato de "gerar" o Filho à luz do Espírito Santo. Por isso todos os seres possuem um caráter de mistério (que vem do Pai) e também um caráter filial (que vem do Filho, gerado pelo Pai), bem como um sentido espiritual (cheio de dinamismo, que vem do Espírito Santo).

13. A ação própria do Filho é a plena comunicação da revelação e a encarnação. Por ela nos liberta de nossa inumanidade e nos diviniza, fazendo-nos filhos e filhas de Deus.

14. A ação própria do Espírito Santo é unificar e criar o novo mediante a santificação. Realizou isso plenamente em Jesus e de modo todo pessoal em Maria Santíssima.

15. O sentido último da criação é poder ser receptáculo da comunicação das três divinas Pessoas. A comunhão trinitária se abre para fora e convida a criação, as pessoas e todas as criaturas a participarem de sua vida de comunhão. A criação será, no termo da história, o corpo da Trindade.

16. A comunhão, que é a natureza da Trindade, significa crítica a todas as formas de exclusão e não participação que existem e persistem na sociedade e também nas Igrejas. Ela também incentiva as necessárias transformações para que haja comunhão e participação em todas as esferas da vida social e religiosa. A Santíssima Trindade representa o melhor programa para a libertação integral.

17. A Santíssima Trindade é um mistério sacramental. Isto significa: é uma realidade que aparece em muitos sinais, que pode sempre mais ser conhecida, sem nunca terminar nosso esforço de conhecimento. Por isso, mesmo na eternidade, vivendo dentro das três divinas Pessoas, jamais deixaremos de crescer no conhecimento, sempre abertos a descobrir novos aspectos, sem jamais terminar nossa sede de saber, de amar, de tocar e de conviver.

Glossário
Palavras técnicas e afins da reflexão trinitária

Ação *ad extra* (ação para fora): são as ações que a Trindade opera para fora do círculo trinitário como a criação do universo, a revelação, a salvação dos seres humanos.

Ação *ad intra* (ação para dentro): diz-se das ações intratrinitárias, dentro do círculo trinitário, como a geração do Filho e a espiração do Espírito Santo.

Ação apropriada: é uma ação atribuída a uma das Pessoas divinas, embora seja operada pelas três conjuntamente, por causa de uma afinidade com as propriedades daquela Pessoa. Assim atribui-se ao Pai a criação, ao Filho a redenção e ao Espírito Santo a santificação.

Ação própria: é uma ação específica de uma determinada Pessoa divina como a encarnação do Filho ou a vinda do Espírito Santo sobre Maria no momento da concepção de Jesus.

Afirmação essencial: é aquela afirmação que se fundamenta na essência divina, igual e única nas três Pessoas. Uma afirmação essencial é, por exemplo, dizer: Deus é misericordioso, infinito, eterno; quer dizer: a essência divina é eterna, infinita e misericordiosa.

Afirmação nocional: é aquela que se baseia somente nas Pessoas em sua distinção umas das outras. Há quatro afirmações nocionais: o Pai gera; o Filho é gerado; o Pai e o Filho (ou o Pai pelo Filho) espiram o Espírito Santo; o Espírito Santo é espirado pelo Pai e pelo Filho (ou através do Filho).

Anáfora: literalmente significa oferecimento; é a parte central da celebração eucarística, incluindo a consagração, anamnese (recordação da paixão, morte, ressurreição e ascensão de Cristo) e a comunhão.

Anamnese: literalmente significa memorial; é a recordação (depois da consagração do pão e do vinho) da paixão, morte, ressurreição, ascensão de Cristo.

Apofático: literalmente significa "sem palavra"; a atitude do fiel diante do mistério divino; após dizer tudo o que pode, respeitosamente guarda silêncio. Diz-se que há uma teologia apofática, que termina no silêncio da veneração e da adoração.

Arché (princípio): expressão grega para expressar o fato de o Pai ser princípio, fonte e causa única na geração do Filho e na espiração do Espírito Santo. Veja Princípio.

Arianismo: é uma heresia proposta por Ario (250-336), sacerdote de Alexandria no Egito. Ario afirmava o subordinacionismo, quer dizer: o Filho (como também o Espírito Santo) seriam subordinados ao Pai. Eles seriam criaturas sublimes, criadas antes do universo, por isso não seriam Deus. Existe ainda o subordinacionismo adopcianista: o Filho teria sido, por graça do Pai, adotado como Filho, mas não possuiria a mesma natureza do Pai.

Carisma: em grego significa graça; é um dom ou uma habilidade que o Espírito Santo deu a uma pessoa em vista do bem de todos.

Circumincessão: significa a interpenetração ativa das Pessoas divinas entre si por causa da comunhão eterna que vigora entre elas. Veja Pericórese.

Circuminsessão: significa o estar ou morar uma Pessoa na outra, porque cada Pessoa divina somente existe na outra, com a outra, pela outra e para a outra. Veja Pericórese.

Doxologia: fórmula de louvor (dóxa em grego). Geralmente aparece no final das orações nas quais se agradece ao Pai pelo Filho na unidade do Espírito Santo.

DS: abreviação do nome dos teólogos Denzinger-Schönmetzer que publicaram o livro *Enchiridion Symbolorum definitionum et declarationum de rebus fidei et morum*, que é um elenco dos credos, das definições e declarações sobre assuntos de fé e de moral que o Magistério da Igreja (concílios, sínodos e pronunciamentos oficiais do papa) pronunciou ao longo da história do cristianismo. A primeira edição é de 1854 e a última (32ª) de 1963.

Economia: são as várias fases de realização do projeto de Deus na história ou da progressiva revelação do próprio Deus; no campo trinitário economia significa a ordem na processão a partir do Pai: em primeiro lugar vem o Filho e em seguida o Espírito Santo.

EK: partícula grega que corresponde ao *ex* ou ao *de* do latim e significa a procedência de uma Pessoa divina da outra. Assim o Filho é gerado do (ek ou ex ou de) Pai; ou o Espírito Santo procede *do* Pai e do Filho (segundo a teologia latina).

Ekpóreusis: termo grego para designar a procedência do Espírito Santo a partir do Pai que é sempre Pai do Filho. Em latim o termo é espiração.

Epiclese: celebração na qual se invoca o Espírito Santo.

Espiração: ato pelo qual o Pai juntamente com o Filho faz proceder a Pessoa do Espírito Santo (segundo os latinos) como de um único princípio. Os gregos fazem derivar o Espírito somente do Pai do Filho ou do Pai através do Filho.

Essência Divina: é aquilo que constitui Deus trino em si mesmo, a divindade; é o ser, o amor, a bondade, a verdade e a comunhão recíproca, na forma do absoluto e infinito. Veja também Natureza e Substância.

Filioque: literalmente: e do Filho; doutrina segundo a qual o Espírito Santo procede do Pai e do Filho como de um só princípio. Esta interpretação doutrinária se chama também de filioquismo; é frequente entre os teólogos latinos.

Génnesis: termo grego para expressar a geração do Filho por parte do Pai.

Gestalt Relacional: termo usado pelo teólogo alemão J. Moltmann para expressar a contribuição do Filho na espiração do Espírito Santo junto com o Pai; a Pessoa do Espírito provém do Pai; a configuração concreta (Gestalt) da Pessoa do Espírito Santo se deriva do Filho. É relacional porque as Pessoas estão sempre umas voltadas para as outras e dentro das outras.

Hipóstase: termo grego para designar a Pessoa divina; veja Pessoa e Prósopon.

Homoioúsios: literalmente: de natureza semelhante; heresia segundo a qual o Filho não tem natureza igual, mas semelhante à do Pai.

Homooúsios: literalmente: da mesma e igual natureza; diz-se que o Filho e o Espírito Santo possuem a mesma e igual natureza do Pai. As Pessoas são consubstanciais.

Inascibilidade: propriedade exclusiva do Pai, a de não ser gerado nem nascido nem principiado; Ele é princípio sem princípio.

Kénosis: expressão grega que significa aniquilamento e esvaziamento; é o modo que as Pessoas divinas (Filho e Espírito Santo) escolheram ao se autocomunicar na história. Opõe-se à doxa que significa o modo de glória.

Koinonía: expressão grega para *communio* em latim e comunhão em português; é o modo próprio de relacionamento entre as pessoas, também as divinas.

Missão: na teologia trinitária significa a autocomunicação da Pessoa do Filho à natureza humana de Jesus de Nazaré e do Espírito Santo aos justos, a Maria e à Igreja. Trata-se da entronização da humanidade no seio do mistério trinitário.

Mistério: em sentido estrito significa a realidade da Santíssima Trindade como inacessível à razão humana; mesmo depois de comunicada, ela pode ser conhecida indefinidamente sem jamais ser captada totalmente pela mente humana; o Deus trino é mistério em si mesmo, não só para a mente humana, porque a Trindade é essencialmente infinita e eterna; em sentido histórico-salvífico o Deus trino é um mistério sacramental, quer dizer, um mistério que nos é comunicado pelas atitudes e palavras de Jesus e na ação do Espírito Santo na comunidade eclesial e na história humana.

Modalismo: doutrina herética segundo a qual a Trindade constitui apenas três modos de ver humanos do único e mesmo Deus, ou então três modos (máscaras) do mesmo e único Deus se manifestar aos seres humanos; Deus não seria trindade em si, seria estritamente um e único.

Monarquia: em linguagem trinitária significa a causalidade única do Pai; é o Pai que sozinho gera o Filho e espira (sendo o Pai do Filho) o Espírito Santo; é uma expressão típica da teologia greco-ortodoxa.

Monarquianismo: é a negação da Trindade em nome de um estrito monoteísmo.

Monoteísmo: é a afirmação da existência de um e único Deus; o Antigo Testamento conhece um monoteísmo pré-trinitário; anterior à revelação da Santíssima Trindade; pode haver, depois da revelação do mistério da Trindade, um monoteísmo a-trinitário: fala de Deus sem tomar em conta a trindade de Pessoas, como se Deus fosse uma realidade única e existindo só em sua substância; existe o monoteísmo trinitário: Deus é um e único por força da única substância que existe no Pai, no Filho e no Espírito Santo ou em virtude da comunhão eterna e a pericórese que vigora desde o princípio entre as três divinas Pessoas.

Natureza Divina: é a substância divina uma e única em cada uma das Pessoas; ela responde pela unidade ou a união em Deus.

Noção: são as características próprias de cada uma das Pessoas, diferenciando-as umas das outras; paternidade e inascibilidade para o Pai; filiação para o Filho; espiração ativa para o Pai e o Filho; espiração passiva para o Espírito Santo; há, pois, cinco noções.

Patreque: literalmente "e pelo Pai"; na Trindade todas as relações são ternárias; assim o Filho se relaciona com o Espírito Santo junto com o Pai ou pelo Pai; da mesma forma o Espírito Santo ama o Filho pelo Pai e junto com o Pai etc.

Peghé (fonte): expressão grega para designar o Pai como *fonte* única e infinita da qual jorram o Filho e o Espírito Santo.

Pericórese: expressão grega que literalmente significa uma Pessoa conter as outras duas (em sentido estático) ou então cada uma das Pessoas interpenetrar as outras e reciprocamente (sentido ativo); o adjetivo *pericorético* quer designar o caráter de comunhão que vigora entre as divinas Pessoas; veja Circumincessão e Circuminsessão.

Pessoa: em linguagem trinitária significa aquilo que em Deus é distinto, o Pai, o Filho e o Espírito Santo; é a individualidade de cada Pessoa que simultaneamente existe em si e em eterna comunhão com as outras duas; veja Hipóstase e Subsistência.

Processão: é a derivação de uma Pessoa partindo da outra, mas consubstancialmente, na unidade de uma mesma e única natureza, substância, essência ou divindade.

Prósopon: literalmente significa máscara e cara; em linguagem trinitária é uma palavra grega para designar a Pessoa divina em sua individualidade; é sinônimo de hipóstase; veja Pessoa.

Relação: em linguagem trinitária significa a ordenação de uma Pessoa às outras ou a eterna comunhão entre os divinos Três; há quatro relações: paternidade, filiação, espiração ativa e passiva.

Sabelianismo: heresia de Sabélio (dos inícios do século III em Roma), chamada também de modalismo: o Filho e o Espírito Santo seriam simples modos de manifestação da divindade e não Pessoas distintas; veja Modalismo.

Símbolo: em sentido técnico da teologia antiga designa os formulários pelos quais a Igreja resumia oficialmente a sua fé; é sinônimo de credo.

Spirituque: literalmente "e do Espírito Santo"; como as relações na Trindade são sempre ternárias, diz-se que o Pai gera o Filho junto e com o Espírito Santo ou que o Filho reconhece o Pai junto e com o Espírito Santo etc.

Subordinacionismo: *é a* heresia de Ario segundo a qual o Filho e o Espírito Santo estariam subordinados, em relação desigual, ao Pai, não possuindo de forma idêntica a mesma e igual natureza; ou então seriam criaturas excelsas, mas apenas adotadas (adopcianismo) pelo Pai em sua divindade.

Subsistência: é um dos sinônimos para Pessoa ou Hipóstase; como na Trindade não há nada acidental diz-se que as relações entre as Pessoas são relações subsistentes; a Pessoa é considerada uma relação subsistente.

Substância: em linguagem trinitária designa o que une em Deus e é idêntico em cada uma das Pessoas; veja Natureza DIVINA e Essência DIVINA.

Teogonia: processo de surgimento da divindade ou explicação do mistério da Trindade de tal forma que dá a impressão que as Pessoas não são coeternas e coiguais, mas se produzem umas às outras.

Teologia: em linguagem trinitária designa a Trindade em si mesma, abstraindo de sua manifestação na história; a teologia se contrapõe à economia.

Theologúmenon (teologúmeno): diz-se de uma teoria teológica proposta pelos teólogos, mas que não pertence ao acervo da fé; é um teologúmeno afirmar, por exemplo, que o Espírito Santo assumiu a realidade humana de Maria, fazendo de sua maternidade humana maternidade divina.

Trías: expressão grega para designar a Trindade de Pessoas.

Trindade Econômica: é a Trindade enquanto se autorrevelou na história da humanidade e age em vista à nossa participação na comunhão trinitária.

Trindade Imanente: é a Trindade considerada em si mesma, em sua eternidade e comunhão pericorética entre o Pai, o Filho e o Espírito Santo.

Livros de Leonardo Boff

1 – *O Evangelho do Cristo Cósmico.* Petrópolis: Vozes, 1971. • Reeditado pela Record (Rio de Janeiro), 2008.

2 – *Jesus Cristo libertador.* Petrópolis: Vozes, 1972.

3 – *Die Kirche als Sakrament im Horizont der Welterfahrung.* Paderborn: Verlag Bonifacius-Druckerei, 1972 [Esgotado].

4 – *A nossa ressurreição na morte.* Petrópolis: Vozes, 1972.

5 – *Vida para além da morte.* Petrópolis: Vozes, 1973.

6 – *O destino do homem e do mundo.* Petrópolis: Vozes, 1973.

7 – *Experimentar Deus.* Petrópolis: Vozes, 2012 [Publicado em 1974 pela Vozes com o título *Atualidade da experiência de Deus*].

8 – *Os sacramentos da vida e a vida dos sacramentos.* Petrópolis: Vozes, 1975.

9 – *A vida religiosa e a Igreja no processo de libertação.* 2. ed. Petrópolis: Vozes/CNBB, 1975 [Esgotado].

10 – *Graça e experiência humana.* Petrópolis: Vozes, 1976.

11 – *Teologia do cativeiro e da libertação.* Lisboa: Multinova, 1976. • Reeditado pela Vozes, 1998.

12 – *Natal: a humanidade e a jovialidade de nosso Deus.* Petrópolis: Vozes, 1976. [Esgotado]

13 – *Eclesiogênese – As comunidades reinventam a Igreja.* Petrópolis: Vozes, 1977. • Reeditado pela Record (Rio de Janeiro), 2008.

14 – *Paixão de Cristo, paixão do mundo.* Petrópolis: Vozes, 1977.

15 – *A fé na periferia do mundo.* Petrópolis: Vozes, 1978 [Esgotado].

16 – *Via-sacra da justiça.* Petrópolis: Vozes, 1978 [Esgotado].

17 – *O rosto materno de Deus.* Petrópolis: Vozes, 1979.

18 – *O Pai-nosso – A oração da libertação integral.* Petrópolis:-Vozes, 1979.

19 – *Da libertação – O teológico das libertações sócio-históricas.* Petrópolis: Vozes, 1979 [Esgotado].

20 – *O caminhar da Igreja com os oprimidos.* Rio de Janeiro: Codecri, 1980. • Reeditado pela Vozes (Petrópolis), 1988.

21 – *A Ave-Maria – O feminino e o Espírito Santo*. Petrópolis: Vozes, 1980.

22 – *Libertar para a comunhão e participação*. Rio de Janeiro: CRB, 1980 [Esgotado].

23 – *Igreja: carisma e poder*. Petrópolis: Vozes, 1981. • Reedição ampliada: Ática (Rio de Janeiro), 1994; Record (Rio de Janeiro) 2005.

24 – *Crise, oportunidade de crescimento*. Petrópolis: Vozes, 2011 [Publicado em 1981 pela Vozes com o título *Vida segundo o Espírito*].

25 – *São Francisco de Assis – Ternura e vigor*. Petrópolis: Vozes, 1981.

26 – *Via-sacra para quem quer viver*. Petrópolis: Vozes, 1991 [Publicado em 1982 pela Vozes com o título *Via-sacra da ressurreição*].

27 – *O livro da Divina Consolação*. Petrópolis: Vozes, 2006 [Publicado em 1983 com o título *Mestre Eckhart*: a mística do ser e do não ter].

28 – *Ética e ecoespiritualidade*. Petrópolis: Vozes, 2011 [Publicado em 1984 pela Vozes com o título *Do lugar do pobre*].

29 – *Teologia à escuta do povo*. Petrópolis: Vozes, 1984 [Esgotado].

30 – *A cruz nossa de cada dia*. Petrópolis: Vozes, 2012 [Publicado em 1984 pela Vozes com o título *Como pregar a cruz hoje numa sociedade de crucificados*].

31 – (com Clodovis Boff) *Teologia da Libertação no debate atual*. Petrópolis: Vozes, 1985 [Esgotado].

32 – *A Trindade e a sociedade*. Petrópolis: Vozes, 2014 [Publicado em 1986 com o título *A Trindade, a sociedade e a libertação*].

33 – *E a Igreja se fez povo*. Petrópolis: Vozes, 1986 [Esgotado]. • Reeditado em 2011 com o título *Ética e ecoespiritualidade*, em conjunto com *Do lugar do pobre*.

34 – (com Clodovis Boff) *Como fazer Teologia da Libertação?* Petrópolis: Vozes, 1986.

35 – *Die befreiende Botschaft*. Friburgo: Herder, 1987.

36 – *A Santíssima Trindade é a melhor comunidade*. Petrópolis: Vozes, 1988.

37 – (com Nelson Porto) *Francisco de Assis – Homem do paraíso*. Petrópolis: Vozes, 1989. • Reedição modificada em 1999.

38 – *Nova evangelização: a perspectiva dos pobres*. Petrópolis: Vozes, 1990 [Esgotado].

39 – *La misión del teólogo em la Iglesia*. Estella: Verbo Divino, 1991.

40 – *Seleção de textos espirituais*. Petrópolis: Vozes, 1991 [Esgotado].

41 – *Seleção de textos militantes*. Petrópolis: Vozes, 1991 [Esgotado].

42 – *Con La libertad del Evangelio*. Madri: Nueva Utopia, 1991.

43 – *América Latina: da conquista à Nova Evangelização*. São Paulo: Ática, 1992 [Esgotado].

44 – *Ecologia, mundialização e espiritualidade*. São Paulo: Ática, 1993. • Reeditado pela Record (Rio de Janeiro), 2008.

45 – (com Frei Betto) *Mística e espiritualidade*. Rio de Janeiro: Rocco, 1994. • Reedição revista e ampliada pela Vozes (Petrópolis), 2010.

46 – *Nova era: a emergência da consciência planetária*. São Paulo: Ática, 1994. • Reeditado pela Sextante (Rio de Janeiro) em 2003 com o título de *Civilização planetária: desafios à sociedade e ao cristianismo* [Esgotado].

47 – *Je m'explique*. Paris: Desclée de Brouwer, 1994.

48 – (com A. Neguyen Van Si) *Sorella Madre Terra*. Roma: Lavoro, 1994.

49 – *Ecologia – Grito da terra, grito dos pobres*. São Paulo: Ática, 1995. • Reeditado pela Record (Rio de Janeiro) em 2015.

50 – *Princípio Terra – A volta à Terra como pátria comum*. São Paulo: Ática, 1995 [Esgotado].

51 – (Org.) *Igreja: entre norte e sul*. São Paulo: Ática, 1995 [Esgotado].

52 – (com José Ramos Regidor e Clodovis Boff). *A Teologia da Libertação: balanços e perspectivas*. São Paulo: Ática, 1996 [Esgotado].

53 – *Brasa sob cinzas*. Rio de Janeiro: Record, 1996.

54 – *A águia e a galinha: uma metáfora da condição humana*. Petrópolis: Vozes, 1997.

55 – *A águia e a galinha: uma metáfora da condição humana*. Edição comemorativa: 20 anos. Petrópolis: Vozes, 2017.

56 – (com Jean-Yves Leloup, Pierre Weil, Roberto Crema) *Espírito na saúde*. Petrópolis: Vozes, 1997.

57 – (com Jean-Yves Leloup, Roberto Crema) *Os terapeutas do deserto – De Fílon de Alexandria e Francisco de Assis a Graf Dürckheim*. Petrópolis: Vozes, 1997.

58 – *O despertar da águia: o dia-bólico e o sim-bólico na construção da realidade*. Petrópolis: Vozes, 1998.

59 – *O despertar da águia: o dia-bólico e o sim-bólico na construção da realidade*. Edição especial. Petrópolis: Vozes, 2017.

60 – *Das Prinzip Mitgefühl – Texte für eine bessere Zukunft*. Friburgo: Herder, 1999.

61 – *Saber cuidar – Ética do humano, compaixão pela Terra*. Petrópolis: Vozes, 1999.

62 – *Ética da vida*. Brasília: Letraviva, 1999. • Reeditado pela Record (Rio de Janeiro), 2009.

63 – *Coríntios – Introdução*. Rio de Janeiro: Objetiva, 1999 (Esgotado).

64 – *A oração de São Francisco: uma mensagem de paz para o mundo atual*. Rio de Janeiro: Sextante, 1999. • Reeditado pela Vozes (Petrópolis), 2014.

65 – *Depois de 500 anos: que Brasil queremos?* Petrópolis: Vozes, 2000 [Esgotado].

66 – *Voz do arco-íris*. Brasília: Letraviva, 2000. • Reeditado pela Sextante (Rio de Janeiro), 2004 [Esgotado].

67 – (com Marcos Arruda) *Globalização: desafios socioeconômicos, éticos e educativos*. Petrópolis: Vozes, 2000.

68 – *Tempo de transcendência – O ser humano como um projeto infinito*. Rio de Janeiro: Sextante, 2000. • Reeditado pela Vozes (Petrópolis), 2009.

69 – (com Werner Müller) *Princípio de compaixão e cuidado*. Petrópolis: Vozes, 2000.

70 – *Ethos mundial – Um consenso mínimo entre os humanos*. Brasília: Letraviva, 2000. • Reeditado pela Record (Rio de Janeiro) em 2009.

71 – *Espiritualidade – Um caminho de transformação*. Rio de Janeiro: Sextante, 2001. • Reeditado pela Mar de Ideias (Rio de Janeiro) em 2016.

72 – *O casamento entre o céu e a terra – Contos dos povos indígenas do Brasil*. São Paulo: Salamandra, 2001. • Reeditado pela Mar de Ideias (Rio de Janeiro) em 2014.

73 – *Fundamentalismo*. Rio de Janeiro: Sextante, 2002. • Reedição ampliada e modificada pela Vozes (Petrópolis) em 2009 com o título *Fundamentalismo, terrorismo, religião e paz*.

74 – (com Rose Marie Muraro) *Feminino e masculino: uma nova consciência para o encontro das diferenças*. Rio de Janeiro: Sextante, 2002. • Reeditado pela Record (Rio de Janeiro), 2010.

75 – *Do iceberg à arca de Noé: o nascimento de uma ética planetária.* Rio de Janeiro: Garamond, 2002. • Reeditado pela Mar de Ideias (Rio de Janeiro), 2010.

76 – *Crise: oportunidade de crescimento.* Campinas: Verus, 2002. • Reeditado pela Vozes (Petrópolis) em 2011.

77 – (com Marco Antônio Miranda) *Terra América: imagens.* Rio de Janeiro: Sextante, 2003 [Esgotado].

78 – *Ética e moral: a busca dos fundamentos.* Petrópolis: Vozes, 2003.

79 – *O Senhor é meu Pastor: consolo divino para o desamparo humano.* Rio de Janeiro: Sextante, 2004. • Reeditado pela Vozes (Petrópolis), 2013.

80 – *Responder florindo.* Rio de Janeiro: Garamond, 2004 [Esgotado].

81 – *Novas formas da Igreja: o futuro de um povo a caminho.* Campinas: Verus, 2004 [Esgotado].

82 – *São José: a personificação do Pai.* Campinas: Verus, 2005. • Reeditado pela Vozes (Petrópolis), 2012.

83 – *Un Papa difficile da amare: scritti e interviste.* Roma: Datanews, 2005.

84 – *Virtudes para um outro mundo possível – Vol. I: Hospitalidade: direito e dever de todos.* Petrópolis: Vozes, 2005.

85 – *Virtudes para um outro mundo possível – Vol. II: Convivência, respeito e tolerância.* Petrópolis: Vozes, 2006.

86 – *Virtudes para um outro mundo possível – Vol. III: Comer e beber juntos e viver em paz.* Petrópolis: Vozes, 2006.

87 – *A força da ternura – Pensamentos para um mundo igualitário, solidário, pleno e amoroso.* Rio de Janeiro: Sextante, 2006. • Reeditado pela Mar de Ideias (Rio de Janeiro) em 2012.

88 – *Ovo da esperança: o sentido da Festa da Páscoa.* Rio de Janeiro: Mar de Ideias, 2007.

89 – (com Lúcia Ribeiro) *Masculino, feminino: experiências vividas.* Rio de Janeiro: Record, 2007.

90 – *Sol da esperança – Natal: histórias, poesias e símbolos.* Rio de Janeiro: Mar de Ideias, 2007.

91 – *Homem: satã ou anjo bom.* Rio de Janeiro: Record, 2008.

92 – (com José Roberto Scolforo) *Mundo eucalipto.* Rio de Janeiro: Mar de Ideias, 2008.

93 – *Opção Terra*. Rio de Janeiro: Record, 2009.

94 – *Meditação da luz*. Petrópolis: Vozes, 2010.

95 – *Cuidar da Terra, proteger a vida*. Rio de Janeiro: Record, 2010.

96 – *Cristianismo: o mínimo do mínimo*. Petrópolis: Vozes, 2011.

97 – *El planeta Tierra: crisis, falsas soluciones, alternativas*. Madri: Nueva Utopia, 2011.

98 – (com Marie Hathaway) *O Tao da Libertação – Explorando a ecologia da transformação*. 2. ed. Petrópolis: Vozes, 2012.

99 – *Sustentabilidade: O que é – O que não é*. Petrópolis: Vozes, 2012.

100 – *Jesus Cristo Libertador: ensaio de cristologia crítica para o nosso tempo*. Petrópolis: Vozes, 2012 [Selo Vozes de Bolso].

101 – *O cuidado necessário: na vida, na saúde, na educação, na ecologia, na ética e na espiritualidade*. Petrópolis: Vozes, 2012.

102 – *As quatro ecologias: ambiental, política e social, mental e integral*. Rio de Janeiro: Mar de Ideias, 2012.

103 – *Francisco de Assis – Francisco de Roma: a irrupção da primavera?* Rio de Janeiro: Mar de Ideias, 2013.

104 – *O Espírito Santo – Fogo interior, doador de vida e Pai dos pobres*. Petrópolis: Vozes, 2013.

105 – (com Jürgen Moltmann) *Há esperança para a criação ameaçada?* Petrópolis: Vozes, 2014.

106 – *A grande transformação: na economia, na política, na ecologia e na educação*. Petrópolis: Vozes, 2014.

107 – *Direitos do coração – Como reverdecer o deserto*. São Paulo: Paulus, 2015.

108 – *Ecologia, ciência, espiritualidade – A transição do velho para o novo*. Rio de Janeiro: Mar de Ideias, 2015.

109 – *A Terra na palma da mão – Uma nova visão do planeta e da humanidade*. Petrópolis: Vozes, 2016.

110 – (com Luigi Zoja) *Memórias inquietas e persistentes de L. Boff*. São Paulo: Ideias & Letras, 2016.

111 – (com Frei Betto e Mario Sergio Cortella) *Felicidade foi-se embora?* Petrópolis: Vozes Nobilis, 2016.

112 – *Ética e espiritualidade– Como cuidar da Casa Comum*. Petrópolis: Vozes, 2017.

113 – *De onde vem? – Uma nova visão do universo, da Terra, da vida, do ser humano, do espírito e de Deus*. Rio de Janeiro: Mar de Ideias, 2017.

114 – *A casa, a espiritualidade, o amor*. São Paulo: Paulinas, 2017.

115 – (com Anselm Grün) *O divino em nós*. Petrópolis: Vozes Nobilis, 2017.

116 – *O livro dos elogios: o significado do insignificante*. São Paulo: Paulus, 2017.

117 – *Brasil – Concluir a refundação ou prolongar a dependência?* Petrópolis: Vozes, 2018.

118 – *Reflexões de um velho teólogo e pensador*. Petrópolis: Vozes, 2018.

119 – *A saudade de Deus* – A força dos pequenos. Petrópolis: Vozes, 2020.

120 – *Covid-19 – A Mãe Terra contra-ataca a humanidade: advertências da pandemia*. Petrópolis: Vozes, 2020.

121 – *O doloroso parto da Mãe Terra – Uma sociedade de fraternidade sem fronteiras e de amizade social*. Petrópolis: Vozes, 2021.

122 – *Habitar a Terra – Qual o caminho para a fraternidade universal?* Petrópolis: Vozes, 2021.

123 – *O pescador ambicioso e o peixe encantado – A busca pela justa medida*. Petrópolis: Vozes, 2022.

124 – *Igreja: carisma e poder – Ensaios de eclesiologia militante*. Petrópolis: Vozes, 2022.

125 – *A amorosidade do Deus-*Abbá *e Jesus de Nazaré*. Petrópolis: Vozes, 2023.

126 – *A busca pela justa medida – Como equilibrar o Planeta Terra*. Petrópolis: Vozes, 2023.

127 – Cuidar da Casa Comum – Pistas para protelar o fim do mundo. Petrópolis: Vozes, 2024.

EDITORA VOZES LTDA.
Rua Frei Luís, 100 – Centro – Cep 25689-900 – Petrópolis, RJ
Tel.: (24) 2233-9000 – E-mail: vendas@vozes.com.br